馆校融合
知行并进

徐汇滨江学区与龙华烈士纪念馆
合作课程开发案例

郑 蓉·主编

上海社会科学院出版社

序

在庆祝中国共产党成立100周年之际,上海市南洋中学作为紧密型学区化党建项目"'汇行'区域性人文课堂建设"牵头单位,集聚徐汇滨江学区内11所成员学校,向大家呈现了馆校合作中运用红色资源的鲜活案例,并集结出版。就是为了认真贯彻落实习近平总书记"七一"重要讲话精神,弘扬光荣传统,赓续红色血脉,把伟大的建党精神更好地传承下去,让红色的基因、革命的信仰、奋斗的精神、崇高的思想、高尚的品德成为广大青少年学生从中汲取更多砥砺奋进的精神力量。

该书展示了南洋中学党委着力推进学区党建项目,积极开展区域内党建引领课程思政建设,促进党建与教书育人工作深度融合,探索"信息共享、阵地联建、项目联动、互惠共赢"的学区党建工作格局,力争达成"基层党建共抓、思政教育共融、学区资源共享"的成效。在党建项目引领下,徐汇滨江学区内11所成员学校,围绕"立德树人"之根本任务,将场馆资源转化为学校党建资源、教育资源,推出了"红色系列"课程和教学案例,值得借鉴。

该书汇集了学区内小学、初中、高中不同学段不同学科的十余位一线教师的成果,充分挖掘龙华烈士纪念馆资源,将学科内容与场馆红色资源有机融合,注重课程的分龄设计和内容的螺旋化上升,研究开发出历史类、思政类、美术类、语文类、科技类等系列活动课程,内容丰富多样,既为基层学校如何与场馆合作开发课程提供了有益的范例,又为基层学校如何提升场馆学习效果提供了有效的方法。

优质教育资源的开发利用如何服务现代教育改革、如何转变育人方式，这是当前必须破解的难题。利用红色资源时应深入研究，寻找主题，挖掘和提炼其中的时代价值，与我国当前的政治、经济、社会、文化建设形势很好地结合，才能为今天所用。通过馆校融合，开门办思政这一重要的教育途径推进，不仅能破解学生实践的短板，还具有对德育资源的乡土性、开放性、生成性和综合性特点的把握与贯通。对于学生而言，既是学科知识的学习过程，又是潜移默化地传承红色基因的过程。对于教师而言，既是一次对红色资源时代价值的探索研究过程，又是一次难得的党史学习和自我提升的过程。因此，我们要紧密结合党史学习教育和"四史"宣传教育，利用好博物馆、纪念馆资源，引导师生从中要感受历史的沧桑巨变，感悟革命前辈把个人的人生目标同祖国和民族的前途相联系的伟大情怀，让学生努力成为中国特色社会主义的坚定信仰者和忠诚践行者。

上海市青少年学生校外活动联席会议办公室秘书长

目录

忘却记念情　永恒爱国志 …………………… 南洋中学　　胡赛男　1
仰龙华风骨　习革命精神 …………………… 龙华中学　　郑艺露　12
五月卅一日急雨中 …………………………… 龙漕中学　　李　树　24
为中华之崛起而读书
　………上海市教育科学研究院实验小学　顾菊凤　郁杨帆　39
爱国工程师詹天佑 ………… 徐汇区龙华小学　王　萱　黄紫艳　55
守初心，担使命 ……………………………… 南洋中学　　朱　天　61
国家利益至上：国家好，大家才会好
　………………………………………… 南洋初级中学　俞仕国　75
夺取抗日战争和人民解放战争的胜利
　………………………………………… 日晖新村小学　项毓炜　89
烈士陵园瞻仰红色雕塑　综合材料描绘时代映象
　………………………………………… 南洋中学　　　谢怡青　105
艺术定格红色记忆在平面与立体之间：浮雕艺术
　………………………………………… 龙华中学　　　朱　莎　131
花儿朵朵向阳开　朵朵深情祭英烈
　………………………… 上海市教育科学研究院实验小学　毕丽云　140
信仰的召唤
　——从1911到1921 ………… 南洋初级中学　蔡亚明　156

牢记初心,执着使命
　　——国民大革命在上海 ·············· 龙苑中学　杨润华　168
光的反射应用
　　——全息投影 ················· 南洋初级中学　韩唯伟　185
传奇谍影　龙华英魂 ············· 江南新村小学　陈　雷　192
跨越时空的对话
　　——红色家书见真情 ··········· 龙华烈士纪念馆　绪梦莹　200

忘却记念情　永恒爱国志

南洋中学　胡赛男

第一课时（校内）

一、教材分析

《为了忘却的记念》作为鲁迅先生纪念五烈士的文章选入统编版高中语文选择性必修中册，在革命传统教育中具有重大意义。2020年是"左联"成立90周年，而"左联"成立之时，正值第一次国内革命战争失败，"左联"一成立，立即遭到国民党政府的破坏和镇压，如取缔"左联"组织，通缉"左联"盟员，颁布各种法令条例，封闭书店，查禁刊物和书籍，检查稿件，拘捕刑讯，秘密杀戮革命文艺工作者等。人们习惯称为"'左联'五烈士"的李伟森、柔石、胡也频、殷夫（白莽）、冯铿，就是1931年2月7日被秘密杀害于上海龙华国民党警备司令部的。通过学习《为了忘却的记念》，学生对"左联"五位牺牲的烈士能够有更加深刻的了解。

二、学情分析

高中学生有了一定的价值观与是非观，但仍然需要教师通过文化作品的熏陶来引导提升，从而能够更好地继承和弘扬中华优秀传统文化、革命文化，发展社会主义先进文化。关于革命文化的教育，学生不易吸收理解，适当地运用好校内和校外两个课堂的资源，综合运用多种教学方法，开展不同的语文教学活动，能够让学生在提升基本语文素养的同时更真切感受到革命精神与烈士的意志。

三、教学目标

学会综合运用记叙、议论、抒情等多种表达方式。

理解白莽、柔石等革命志士的形象特点与善良、执着、坚强的优秀品质。

学习革命烈士追求真理勇于献身的崇高精神与作者向黑暗势力不懈斗争的坚定决心。

四、教学重难点

学习革命烈士追求真理、勇于献身的崇高精神与作者向黑暗势力不懈斗争的坚定决心。

五、教学课时

1课时。

六、教学过程

(一)教学导入

今天,我们学习的是一篇鲁迅先生纪念柔石、白莽等五位青年革命作家的悼文。通过对课文的阅读,大家觉得文章中都寄托了作者的哪些感情呢?今天就让我们一起来看一下鲁迅先生是怎样通过语言文字来表达这些感情的。

(二)解题:题目为什么叫做"为了忘却的记念",是否前后矛盾?

明确:鲁迅《为了忘却的记念》这一标题看似矛盾,其中寄寓着深刻的含义,理解好文章首尾两段中的解题性文字,便能把握文题的含义。

因为鲁迅"失掉了很好的朋友""中国失掉了很好的青年",所以"两年以来,悲愤总时时来袭击我的心";因为"在这三十年中""目睹许多青年的血,层层淤积起来",所以"埋得不能呼吸"。正是这种郁结心中的不可压抑的悲愤和长期积聚的精神重负,使他感到十分窒息。为了"将悲哀摆脱,给自己轻松一下",这是从主观方面强调"忘却"。同时,鲁迅又从客观方面强调"忘却"之必要:"夜正长,路也正长,我不如忘却,不说的好罢。"当时的中国,正是"大夜弥天",鲁迅作为一个清醒的现实主义者,通过三十年血的经验教训的总结,意识到需要节制自己的感情,过于沉浸在悲痛之中是不利于战斗的。革命的道路漫长而曲折,需要发扬坚韧不拔的精神去战斗。

从以上两方面我们不难看出,所谓的"忘却",实际上是"摆脱""搁置"的同义语;所谓"为了忘却的记念",实际上是"为了战斗的记念"。事实上,对反动派杀害烈士的这笔血债,对战友为革命而献身的光辉业绩,鲁迅是不会忘却的,他要将那无比的悲痛暂时搁置一边,把情绪从始终支配着自己的悲痛中摆脱出来,化悲痛为力量,以更有效的战斗来纪念死者。所以他坚信,只要生者倾力奋斗,"将来总会有记起他们,再说他们的时候"。

(三)本文一共五部分,分别写了哪些内容?

1. 说明写作目的,回忆与白莽的三次见面。
2. 回忆与柔石的交往,顺带写冯铿。
3. 简述"左联"成立后对白莽的新的了解及白莽、柔石的被捕。
4. 五烈士被捕遇害的经过,作者的境遇和悲愤的心情。
5. 抒发悲愤之情,揭露社会黑暗,表达革命必胜的坚强信念。

(四)第二、四部分用哪些材料表现柔石的什么性格特点?

明确:第二、四部分通过听讲义、托送书、名字风波、弄文学、借钱印书、拼命译书、与人走路、改变创作风格、狱中写信、眷恋母亲等材料,主要扣住柔石"台州式的硬气"和"颇有点迂"的性格特点。表现了柔石善良、纯洁、坚强、耿直、忠诚的思想品质。

(五)殷夫分别有哪些性格特点?

明确:作者通过白莽对彼得斐传和诗的翻译及有意曲译;他与鲁迅初次见面后的来信并坦率地表示"很悔和我相见";刚从狱中释出,热天穿厚棉袍、汗流满面,却毫无愁苦地便登门拜访鲁迅,并告知自己是革命者这三个具体生动的材料。表现了白莽勤奋坦诚、爱憎分明、坚强乐观的革命文学青年的形象。

（六）如何理解《惯于长夜过春时》这首诗？

惯于长夜过春时，挈妇将雏鬓有丝。

这两句写出了鲁迅受国民党反动派迫害的困难处境。"春时""长夜"，点明了是在一个春天的夜晚："挈妇""将雏"，表明正和家人外出避居；一个"惯"字既指明鲁迅对于敌人形形色色的残忍手段已司空见惯，对于动荡不安的生活已习以为常，又有力地控诉了蒋介石反动政权镇压革命的罪行。

梦里依稀慈母泪，城头变幻大王旗。

这两句点出了当时政局的动荡，表现了鲁迅对母亲的深爱与怀念，母亲为儿子遭受迫害的担忧。揭露了以蒋介石为代表的大小军阀你争我夺、连年混战、不顾百姓死活的罪行。

忍看朋辈成新鬼，怒向刀丛觅小诗。

"忍看"是强忍仇恨的意思。鲁迅眼看敌人残杀革命同志怎能忍气吞声？新仇旧恨，涌上心头，他面对敌人的屠刀，在刀丛中与敌人短兵相接，毫不退缩，用笔进行战斗。一个"怒"字，是作者强烈感情的迸发，表现了与敌人不共戴天的刻骨仇恨和迎着腥风血雨前进的战斗精神。

吟罢低眉无写处，月光如水照缁衣。

诗写成了，但哪有发表之地。周围的现实是一片黑暗，犹如漫漫长夜。"低眉"是一个痛定思痛的形象，是一个沉思如何继续战斗的形象。最后一句以写景作结，深化了悼念柔石等人的主题，它渲染了一种悲凉、肃穆的气氛，表现了作者处境的寂寞和心情的沉重。

（七）鲁迅在本篇记叙文中刻画人物的特点是什么？

鲁迅写人或实或虚，或详或略，或浓或淡，皆臻佳妙。在选材和笔法上很有讲究。在熟悉的人中选择熟悉的有代表性的事件。

1. 逐一引带，自然天成。白莽引出柔石，柔石引出冯铿，又由柔石的信件引出柔石的母亲、木刻、李伟森、胡也频等人。

2. 围绕革命，着力揭示共同品质——善良、执着、坚强。

3. 变换角度，展现不同风采。白莽是三次见面，柔石是迂的性格刻画,冯铿则是先抑后扬。

小结

对于冯铿、李伟森、胡也频,鲁迅因不太熟悉的缘故,所谈不多。然而,我们可以肯定,五烈士身上都体现出为了国家、为了真理,而英勇反抗的大无畏精神。鲁迅揭露和控诉了国民党反动派的黑暗统治,表达了对牺牲在敌人屠刀下的革命同志的沉痛哀悼之情,也表现了作者坚贞不屈的革命意志和与敌人斗争到底的革命精神。

课后作业

背诵《惯于长夜过春时》。
自学殷夫《别了,哥哥》,创作一首自己寄情"左联"五烈士的诗文。

第二课时(校外)

一、教材资源分析

"龙华千古仰高风,壮士身亡志未穷。墙外桃花墙里血,一般鲜艳一般红。"龙华烈士陵园作为全国重点文物保护单位和重点烈士纪念建筑物保护单位,集中展现了256位英雄人物的生平事迹,其中左翼文化在一楼大厅有专题展览,可供学生观看"左联"烈士的书信来往及文学手稿,站在昔日国民党淞沪警备司令部的土地上更充分浸润"左联"烈士的无畏牺牲精神。

二、学情分析

高中学生具备较强的探究发现能力和共情能力,走进龙华烈士陵园能够更直观生动了解国内大革命时期的环境对先进知识分子造成的精神压迫,同时也能带着新的问题观察烈士纪念馆的各项信息,刺激学生的语言输出和深度思考,从而在革命文化教育中有真切的收获。

三、教学目标

感受革命烈士追求真理、勇于献身的崇高精神。

学会用准确的语言抒情,表达对革命烈士的尊敬和崇尚。

四、教学重难点

学会用准确的语言抒情,表达对革命烈士的尊敬和崇尚。

五、教学详案

(一)教学导入

同学们,通过上节课的学习,我们从鲁迅的文字中感受到了革命者在追求光明道路上所面临的残忍与惨烈,我们深深敬仰着一位位有血有肉的革命烈士。《为了忘却的记念》中,鲁迅主要赞颂了"左联"五烈士的义举,他们英勇就义的地方正是我们现在所站立的这片土地。与他们一同被害的,还有其他十多位烈士。今天,就让我们走进龙华烈士陵园,真切认识这二十四位烈士,感受革命先烈精神,表达内心的想法。

(二)学生实践

首先请同学们按照分组结果,结合上节课所学所思,分组在展厅自由参观"左翼文化",阅读展厅的文字、图画等材料。小组合作完成任务单上的内容。完成后小组成员进行交流,讨论最触动你的人与事。

学习任务单

1. 重点语句摘录

李求实：我们必须要学会既能用枪又能用笔，我们才能称为有共产主义思想的文武全才的革命家。

柔石：剜心也不变，砍首也不变。只愿锦绣的山河，还我锦绣的面！

胡也频：文学不是艺术之宫里无用的宝石，而是社会革命最有力的斧头。

殷夫：生命诚可贵，爱情价更高。若为自由故，二者皆可抛。

冯铿：只要血不干，什么困难都可以打破。

2. 表格题

姓　名	重点事件	你 的 感 受
林育南		
何孟雄		
李求实		

续表

姓　名	重点事件	你 的 感 受
柔　石		
胡也频		
殷　夫		
冯　铿		
欧阳立安		
龙大道		
彭砚耕		
王青士		
恽雨棠		
李　文		
蔡博真		
伍仲文		
罗石冰		
段　楠		
费达夫		
汤士佺		
汤士伦		
刘　争		
贺林隶		

（三）小组交流

每个小组推举一人为班级同学介绍一位烈士，并谈参观感受，尽量不重复，其他小组成员点评，教师总结归纳。

(四) 诗歌朗诵
1. 集体朗诵诗歌《惯于长夜过春时》,面向展厅缅怀逝者。
2. 个别朗诵上节课的创作诗歌,致敬烈士。

(五) 沉浸式思索
学生在展厅内自由活动交流,修改之前个人创作的寄情左联五烈士的诗文。

教学流程

学 生 活 动	指 导 要 点	组 织 形 式
阅读展厅的文字、图画等材料，回忆《为了忘却的记念》一文的创作背景和写作内容	重点指导阅读左翼文化和龙华二十四烈士展牌	小组流动学习（五个小组每组八人左右）
完成任务单上的内容	提前发放任务单，结束后回收点评	小组合作学习
小组推举一人为班级同学介绍一位烈士及谈参观感受	教师进行小组指导	小组代表发言
集体朗诵诗歌《惯于长夜过春时》，面向展厅缅怀逝者	组织所有学生到位，有感情地朗读	集体朗诵
个别朗诵个人创作诗歌，致敬烈士	声音洪亮，教师提前审稿	集体学习
修改之前个人创作的寄情"左联"五烈士的诗文	学生提问，教师指导	个人体悟

小结

同学们，通过两节课的学习，我们以文学作品为契机，以红色场馆为载体，以文学创作与表达为形式，以自我认知为归宿，全方位、多形式地了解了"左联"烈士们为了国家的和平与光明作出了何等壮举。在场馆认识、了解、感悟龙华烈士的过程中，我看到了大家的浓浓爱国心与热切报国志。和鲁迅先生一样，我们不是真的忘却，我们仍需负重前行。请大家继续用语言和行动作出传承！我们都是光荣的共产主义接班人！

课后作业

通过两个课时的学习，我们从鲁迅先生的文字中充分领会了描写人物的技巧与方法,更踏足往昔的原国民党淞沪警备司令部瞻仰各位烈士、了解"左联"五烈士之外的英烈事迹,请以演讲稿的形式分享最令你动容的一位烈士,字数不低于800字。

仰龙华风骨　习革命精神

龙华中学　郑艺露

第一课时（校内）

一、教材分析

《十六年前的回忆》是教育部审定的义务教育教科书六年级下册第三单元的一篇课文。它的作者是中国共产党创始人之一李大钊的女儿李星华，她在李大钊被奉系军阀杀害的十六年后写下了这篇文章，按照时间顺序，记叙了父亲李大钊在被捕前、被捕时、庭审时、被难后的事件。作者采用第一人称的叙述方式，回忆了父亲被害的全过程，内容真实可信，语言朴素自然，既具有文学价值，又具有很强的史料价值。部编版教材，尤其是在低年级教材中，十分注重革命文化教育。比如六年级教材中，上下两册各有一整个单元记叙共产党人为革命事业做的贡献，并由此赞扬和歌颂共产党人的精神，让学生们学习共产党人为了党的事业舍生取义的精神。

二、学情分析

初中阶段的学生正是价值观和是非观养成的时候，需要教师引导来继承和弘扬中华优秀传统文化、革命文化。我们通过运用校内和校外两个课堂的资源，综合运用有效教学方法，开展不同的语文教学活动，能够让学生在提升基本语文素养的同时更真切感受到革命精神与烈士意志。

三、教学目标

1. 把握文章的写作顺序，梳理文章思路。
2. 分析人物描写，体会人物的精神品质。
3. 领会革命烈士为了党的事业勇于献身的崇高精神。

四、教学过程

（一）教学导入

同学们，我们先来看一段关于李大钊生平介绍的短片。

问题：同学们对李大钊有哪些了解呢？

预设：李大钊是中国共产党的创始人之一。李大钊曾在北京大学任职，主要在北京推动中国共产党的组织活动。

今天我们一起来学习一篇新的课文《十六年前的回忆》，这篇课文是李大钊的女儿李星华撰写的一篇回忆李大钊被害过程的文章。

（二）初读课文，理清文章叙述顺序

问题：首先默读课文，请同学们在文章中圈画出表示时间的词语或句子，并以时间为线索概述文章记叙的事件。

预设：那年春天到4月6日，父亲李大钊焚烧书籍和文件，他不顾朋友和母亲的劝说坚持留在北京。4月6日的早晨父亲李大钊被敌人抓捕了，十几天过去了，有一天，父亲李大钊接受庭审。28日黄昏之后我和家人被释放后得知的父亲李大钊被难的消息。

问题：事件可分为几个阶段？

引导：老师先给大家举个例子：那年春天到4月6日为第一阶段，可概括为父亲被捕前，其余可以概括成什么？

预设：剩余可分为3个阶段，分别是被捕时、庭审时、被难后。

（三）细读文章，分析人物形象

核心问题：在作者笔下的父亲李大钊是一个怎样的人？

第一阶段：被捕前。

问题1：我们顺着文章的行文思路从李大钊被捕前读起，当时的李大钊面临着怎样的情形？请同学们仔细阅读课文的第二到第七段思考：当时的李大钊面临着怎样的情形？找出相关的语句并作分析。

预设：(1) 第六段"后来听母亲说,军阀张作霖已经注意到了李大钊"。说明当时的革命斗争形势紧张。

(2) 第六段"才过了两天,果然出事了。工友阎振三突然被抓到警察局去了"。突出了这个紧张危险的形势,正在进一步逼近。

(3) 第七段"局势越来越严重,父亲的工作也越来越紧张"。这一处直接点明局势严峻,父亲李大钊工作的紧张。

小结：这样看来,我们发现在父亲李大钊被捕前,外界的局势已经越来越危急,十分地严峻、紧张。请同学在学习单相应的位置填写。

问题2：在这样紧张危急的情形下,李大钊有哪些表现？请同学们在文中圈画出李大钊面对严峻形势时的表现。找到相关的语句并作分析。

预设：(1) 第二段"父亲每天夜里回来得很晚,每天早晨不知道什么时候他又出去了",表明了在紧张的斗争形势下,为了革命工作,李大钊一直在忙于工作,没有给自己休息和与家人团聚的时间。

(2) 第二段"他埋头整理书籍或文件,把书和有字的纸片投到火炉里去"。和第六段的"为了避免党组织被破坏。父亲只好把一些书籍和文件烧掉"。父亲李大钊烧掉这些资料,表明他知道自己可能在劫难逃,已经开始提防敌人的搜查,不让党的资料泄露出去。

引导：同学们都找得很好,找到的两处都是父亲李大钊的动作表现,那我们再关注下李大钊的语言,大家能从李大钊的语言中看出他是如何应对这样严峻的形势的吗？

预设："我是不能轻易离开北京的。""哪能离开。"这两句父亲李大钊说的话写出了他即使是面对日益严峻危险的形势,还是不愿离开北京,不愿放弃共产党的工作。

小结：是啊,我们在文章的第七段通过李大钊的语言可以得知,外面的局势越来越严峻了,父亲李大钊的处境也越来越危险。"他的朋友劝他离开北京,母亲也几次劝他。"朋友和亲人对他的处境都表现出了担忧,但他却坚持要留下来。作为党的领导人,他知道在危急时刻保护好党组织是他的重要使命,绝不能轻易离开。

问题3:从李大钊的这些表现中,我们可以看出他是一个怎样的人呢?

引导:从父亲李大钊被捕前这部分内容看,父亲李大钊在那个春天早出晚归地为党的工作忙碌。预感到军阀要来搜查的情况下,为了保护党组织,抓紧时间销毁书籍和文件,在工友被抓后意识到自己也会有生命危险,但他坚决不离开北京,继续完成党的工作。

预设:李大钊是一个忠于革命事业,为党舍生取义的人。

(四)小结教学路径

我们先通过圈画表示时间的词语概述了文章讲述的事件,梳理了文章叙述的四个阶段:李大钊被捕前,被捕时,庭审时,被难后。我们根据这四个阶段,抓住每一部分文章中的语句推断出人物所面临的形势,分析李大钊在这样的形势下的表现。最终读出他是一个为了党的事业,不惧危险,不顾个人安危,舍生取义的人。

第二阶段:被捕时。

问题:现在请同学们继续借助这个学习路径来了解李大钊是个怎样的人,请同学们阅读第八到十八段,圈画并思考李大钊当时面临怎样的情境?面对这样的形势,父亲李大钊有怎样的表现?从中可以看出李大钊是个怎样的人?并请同学们完成学习单。

预设:(1)李大钊面临的形势:"短短的一段新闻还没看完,就听见枪声。""外面传来一阵沉重的皮鞋声。穿灰制服和长筒皮靴的宪兵,穿便衣的侦探,穿黑制服的警察,一拥而入,挤满了这间小屋子。他们像一群魔鬼似的,把我们包围起来。"写出实施抓捕行动的人员针对李大钊的抓捕行动筹谋已久。便衣侦探通过受过刑的工友阎振三来指认父亲。"阎振三胳膊上拴着绳子,他那披散的长头发中间露出一张苍白的脸显然是受过苦刑的",凸显出敌人变相的威胁、恐吓。"沉重的皮鞋声,不要放走一个,一拥而入,挤满,像一群魔鬼,枪口对着"刻画了敌人的来势汹汹和凶狠残暴。

(2)父亲李大钊的表现:李大钊用十分平静的语言说:"没有什

么,不要怕。星儿跟我到外面看看去。"不慌不忙地向外走。在残暴凶恶的敌人面前,李大钊的表现是"保持着他那惯有的严峻态度,没有向他们讲任何道理"。

(3) 父亲李大钊是一个怎样的人:是一个临危不惧、镇定自若的人。

第三阶段:庭审时。

问题:接下来我们阅读课文的第十九到二十九段,这部分内容写的是父亲李大钊接受庭审时的状况。请同学们按照我们的阅读路径来找出在这段回忆中父亲李大钊面临着怎样的情形?面对这样的形势,父亲又有怎样的表现呢?从这些表现中可以看出他是一个怎样的人呢?小组讨论并完成相应学习单的填写。

预设:(1) 父亲李大钊面对的情形:第一,第十九段"十几天过去了,我们始终没看见父亲"。从中可以看出父亲李大钊在庭审前一直被敌人关押。

第二,第二十段中"没戴眼镜,乱蓬蓬的长头发"这是对父亲李大钊的肖像描写,表明李大钊被关押的十几天里,很可能是受过刑的。

引导:同学们找到的都是直接描写李大钊的语句,表现敌人凶恶的文字,我们从可以从受过刑的阎振三的肖像描写中看出,那么这里,我们还可以关注除李大钊外的其他人物表现来了解李大钊所面临的形势。

预设:可以看到法官的表现,法官在法庭上本应该秉持正义,但他却用呵斥的口吻制止我们说话,他还两次用惊堂木拍桌子,并且是重重地狠狠地拍,从法官的态度中,可以看出,这场审判是敌人安排好的例行公事的流程,对父亲李大钊并没有公平可言,这种形势对父亲非常不利。

预设:(2) 李大钊的表现:被敌人关押了十几天的父亲李大钊,虽然外表不再整洁,但在他见到我们时乱蓬蓬头发下面的脸却依然保持着平静而慈祥,这是一种难能可贵的淡定和从容。与法庭上法官的粗暴呵斥,时不时拿起惊堂木重重地狠狠地拍桌子相比,父亲李大钊始终保持着非常安定、非常沉着的姿态,没有任何的慌乱。

引导:父亲李大钊的安定、沉着和敌人的怒气冲冲、气急败坏形成了鲜明的对比,更加表现出一个革命者面对残暴的敌人时的沉着、镇定。这是父亲李大钊面对敌人时的表现,那么他面对法庭上亲人的表现是怎样的呢?

预设:面对法官对亲人的呵斥,他瞅了瞅我们没有说一句话,没有在敌人面前显示出过分的关切,但当我为了保护哥哥插话说"是的,我是最大的"。而被法官呵斥时,父亲李大钊立刻就回应了,用平和的语气强调"她是我最大的孩子。我的妻子是个乡下人。我的孩子年纪都还小,她们什么也不懂,一切都跟她们没有关系。"他从容而平静地陈述这是他对自己家人的关爱和保护。

预设:(3)李大钊是个怎样的人:从这些表现中,我们可以看出面对粗暴蛮横的敌人,李大钊毫不畏惧,始终保持着革命者的从容和镇定。面对家人,李大钊表现出浓浓的关切和不舍。

小结:可以说李大钊不仅是一个有着铮铮铁骨的革命者,也是一个对家人充满着深情的人。

问题:那么在法庭上的父亲李大钊为什么能始终保持着沉着、冷静、临危不惧,他的力量来自何处?

预设:这个力量就是他对于革命事业的信心,因为父亲李大钊对自己从事的革命事业充满信心。这种信心成为他面对敌人毫不畏惧,面对死亡,能视死如归的强大力量。

小结:我们一起把这段文字读一下感受父亲李大钊强大内心背后的力量源泉:"他的心被一种伟大的力量占据着,这个力量,就是他平日对我们讲的他对于革命的信心。"

(五)回顾课文内容、阅读路径,教师总结

问题:在学习李大钊被捕和受审两部分内容时我们同样先关注李大钊面临的形势,品读了他的表现,尤其关注了神态语言的描写,感受到了父亲李大钊沉着冷静、从容赴死的大无畏精神,以及他对家人的关爱与深情。

通过这堂课的学习,我们解决了这节课的核心问题"李大钊是个怎样的人"。作为共产党员,他为了党的事业舍生取义,临危不惧,面对凶恶残暴的敌人,他镇定自若,保持了一个革命者的气节。而作为一位父亲和丈夫,面对亲人时,又满含深情与不舍。在作者笔下,李大钊的人物形象立体、丰满,共产党员不仅有铮铮铁骨,也有柔情满怀。正是这样一个又一个有血有肉的共产党员前赴后继,才换来了我们现在的国泰民安。

(六)课下作业

结合我们的日常爱国教育,联系我们学校周围的爱国教育基地,请同学们找一找还有哪些爱国革命志士并收集他们的爱国事迹。

第二课时(校外)

一、教材分析

"龙华千古仰高风,壮士身亡志未穷。墙外桃花墙里血,一般鲜艳一般红。"龙华烈士陵园作为全国重点文物保护单位和重点烈士纪念建筑物保护单位,集中展现了 256 位英雄人物的生平事迹,其中在一楼,有"龙华二十四烈士"纪念展览,其中,有他们的生平简介,也有他们受刑时穿着的衣服、身上携带的物品,以及束缚他们的镣铐等,也有他们受害时的具象展示。站在这里,昔日的受刑地,我们感受穿越时空的革命烈士的大无畏精神。

二、教学目标

(一)参照课文《十六年前的回忆》的阅读路径,来学习龙华二十四烈士的人物形象和人物品质精神。

(二)感受革命烈士为了革命的事业舍生取义的崇高精神。

三、教学过程

（一）导入

问题：在我们课内学的《十六年前的回忆》中，李大钊作为中国共产党的主要创始人和早期优秀领导者之一。他领导了1926年3月18日北京人民反帝反军阀的群众示威运动，被奉系军阀张作霖在北京杀害。上节课，我们从文字中读出了李大钊作为共产党人为了保护党和革命的事业，不惜牺牲自己，慷慨赴死；面对凶恶的敌人，毫不畏惧，保持了革命人的铮铮铁骨。那么这节课，我们来到了龙华烈士陵园纪念馆，来看一看在上海这座城市里那些为了共产主义事业而奋斗牺牲的英雄们。

那么提到龙华，大家会想到什么？

预设：龙华桃花，龙华二十四烈士。

问题：确实，龙华桃花和龙华二十四烈士总是被一起提到，鲁迅先生曾说过："至于看桃花的名所，是龙华，也是屠场，我有几个青年朋友就死在那里，所以我是不去的。"而鲁迅口中的几个青年朋友，就是牺牲在龙华的二十四位烈士中的几位。

（二）参观阅览"龙华二十四烈士"展厅，了解烈士生平，回溯历史，剖析人物形象

问题：请同学们以小组为单位仔细阅读"龙华二十四烈士"展碑，并且联系课上阅读路径，每小组选择一位烈士，合作完成学习单。

（三）小组交流，老师指导

预设：龙华二十四烈士有：林育南、何孟雄、李求实、柔石、胡也频、殷夫、冯铿、龙大道、罗石冰、欧阳立安、恽雨棠、李文、伍仲文、王青士、蔡博真、段楠、彭砚耕、费达夫、刘争、贺林隶、汤士伦、汤士佺、李云卿。

讲解：大家找到了烈士的名字，但是其实只有23人，其中还有一人的身份没法明确，但他仍属龙华二十四烈士之列。

预设：（1）总说：他们当时被囚禁在原国民党淞沪警备司令部。从他们所佩戴的镣铐来看，他们被关押时处境一定很困难，受尽迫害。

问题：确实，在当年烈士们的遗骸出土时，他们身上还带着大家看到的手铐脚镣，由此可见，他们身前受到的迫害之重。

预设：（2）我看到冯铿的毛衣上有很多的破洞，其中还染着血，可见当时受刑时的惨烈。

问题：是的，就像学习单上的诗写得那样："龙华千古仰高风，壮士身亡志未穷。墙外桃花墙里血，一般鲜艳一般红。"仿佛龙华桃花的鲜艳是烈士的鲜血染成的。

那么面对这样的处境，他们又有什么表现呢？

预设：（1）我从绘制的油画中看到虽然他们饱经苦难，但是他们的姿态都是昂扬向上、抬头挺胸的。他们一定是面对敌人毫不畏惧，表现出了革命人的铮铮铁骨。

预设：（2）从烈士们生前所从事的工作、所担任的职务中，可以知道他们是爱国革命志士，他们所做的都是为了中国人民的革命事业，就像冯铿，她是"左联"作家，她在《红旗日报》上刊登的通讯，歌颂了革命根据地的人民政权；"左联"刊物《前哨》刊登的冯铿创作的日记体小说《红的日记》，是左翼文学歌颂中国工农红军的最早作品之一；她的自传体小说《重新起来》，表现了大革命失败后，革命如何重新从低谷走向高潮以及革命青年"重新起来"的过程。面对凶恶的敌人，他们也一定像李大钊一样镇定自若，保持革命者的风骨，临危不惧。

预设：（3）冯铿穿着赴刑场的毛衣背心，是她织给丈夫，丈夫又转赠给她御寒的，从这一件毛衣中，可以看出冯铿与其丈夫间浓浓的爱意与关切之情。她穿着这件毛衣到处奔波，为了党的事业奔走，最后与这个世界告别的时候也穿着它,可见她对这件毛衣背心的重视。面对敌人,他们坚强不屈;面对家人,他们满怀柔情。这又与李大钊何其相似,这就是有血有肉的共产党人。

问题:那同学们认为龙华二十四烈士是一群怎样的人呢?

预设:他们是面对敌人毫不畏惧,为了党的事业舍生取义、铁骨铮铮的人,却将满怀的柔情都给了家人、亲人。

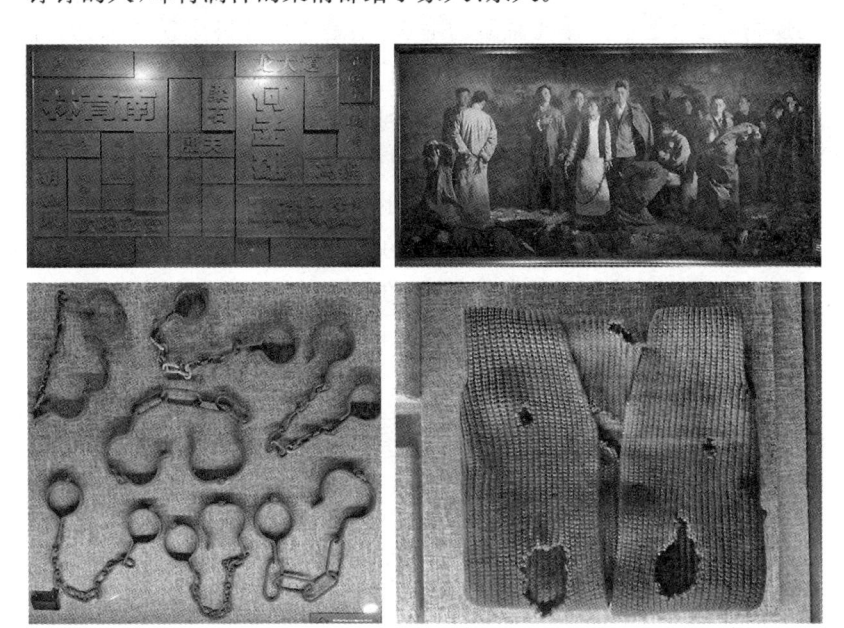

是啊,龙华二十四烈士保持了作为共产党员、作为革命者的风骨和精神。接下来,请同学们一起观看"血染桃花红满天",真切地感受龙华二十四烈士的所思所想,他们的铮铮铁骨,他们的舍生取义。

问题:看完后,综合我们两节课的内容,请同学们思考,这些革命志士的革命精神,对现在的我们而言有什么现实意义吗?

预设:现在的我们生活在和平富足的年代,但是我们不应该在安逸中忘记曾经的革命志士、共产党员们为了我们现在的生活甚至付出了生命的代价。我们不仅要珍惜现在的生活,更要抓住机会,在时代的大潮中,好好读书,以后为国家的建设添砖加瓦。

(四)课堂小结

课文《十六年前的回忆》通过革命烈士亲人的亲笔叙述,我们知道了革命烈士们曾经处在怎样危险的境地中,而就在这样危险的境地中,他们为了保护党和革命的事业,慷慨赴死,舍生取义。在烈士纪念馆中,那些史实,那些真真实实存在并展现给大众看的革命烈士的遗物,无论是布满弹孔血渍的毛衣,还是一副冰冷生锈的镣铐,都把我们从现代和平富足的年代拉回了当年那个军阀势力、帝国主义横行,充满着恐怖气息的黑暗的旧中国中去。

我们耳畔似乎能听到革命志士手举旗帜,为光明、为希望呐喊的声音,也似乎能看到革命志士为了党的事业,为了保留革命的火种那始终矗立挺拔的身躯。我们能听到凶恶野蛮的敌人的喝骂、铁链碰撞发出的声响以及鞭子抽打和刑具的声音,但我们唯独听不到共产党人的求饶声,因为他们都是为了党和革命的事业不惜牺牲自己的英雄,他们知道敌人的叫嚣是持续不了多久的,正义和光明永远不会缺席,总有一天希望的光芒会照耀这片大地,一切黑暗和罪恶终将不复存在,我们的革命事业终将胜利。

确实,1945年日本侵华战争结束,中国以战胜国的姿态接受了日本的投降书,1949年全国解放,中华人民共和国成立。他们所希望的光明和正义在几十年后经过革命志士们前赴后继的努力得以实现。

同学们,李大钊和龙华烈士,他们为党的事业而牺牲,我们后世之人将永远铭记他们,他们的事迹将口口相传,他们的生平将永载史册。每年都会有数以万计的人们来纪念哀悼歌颂他们。包括我们所学过的《琅琊山五壮士》,这些烈士都有姓名。但是除了课本中出现过的革命志士,以及我们耳熟能详的龙华烈士等。还有无数的共产党员、革命志士为了党的事业,为了我们后世子孙能过上和平富足的生活长眠异乡。

如今,中华民族的子孙后代在这块他们祖先为之拼搏过的土地上,正肩负着中华民族复兴的伟大使命向前奔跑着。我们更应该珍惜这得之不易的生活,铭记历史,不忘初心,砥砺前行。

附:

《仰龙华风骨,习革命精神》学习单

第一课时:
根据课文记叙顺序,依次填写相关内容。

李大钊	被捕前	被捕时	庭审时	被难后
面临怎样的形势				
如何应对这样的形势				
是个怎样的人				

第二课时:
"龙华千古仰高风,壮士身亡志未穷。
墙外桃花墙里血,一般鲜艳一般红。"

1. 龙华二十四烈士:_____
_____

2. 完成表格

龙华二十四烈士	
他面临怎样的局势?	
面对这样的局势他有怎样的表现?	
他拥有怎样的精神?	

3. 你有什么感受?
_____
_____

五月卅一日急雨中

龙漕中学　李　树

第一课时（校内）

一、教材分析

《五月卅一日急雨中》这篇文章，印证了恩格斯的一句话——"愤怒出诗人"。作者面对这场惨绝人寰的大血案，有的只是心灵的震惊，感情的郁怒，精神的奋起！诵读这篇文章，我们可以清楚地感到：作者是非清楚，褒贬分明，爱得热烈，恨得刻骨，在字里行间像红线一样贯穿全文的正是他那不可遏制的爱国主义激情！这样的文字，不是无病呻吟，没有丝毫造作。它是激愤的呐喊，怒火的喷吐，心灵的撞击，真情的坦露。他无心"作"文，而只是听任真情倾泻，"把整个躯体"都"融化"在事件的"里头"。正因为如此，通过学习这篇"情动于中"的豪放之作能有力地拨响学生们的心弦，具有撼人心魄的艺术感召力。

但是停留于课本、文字是远远不够的，龙华烈士纪念馆中有更直观的内容，在纪念馆二层"使命的执着"展区中有一幅巨型的油画《南京路五卅惨案》。这是一幅优秀的现实主义的主题性历史画，再现了发生在上海南京路的"五卅惨案"，生动地表现了年轻共产党员和爱国青年在英国巡捕屠杀面前不畏强暴、不怕牺牲的英雄形象。在场馆中，犹如置身在"五卅运动"的现场，仿佛跻身于当年南京路上热血青年之中，营造这样的画面感，学生一定会更能感受到革命先烈的激烈爱国情怀,也更能激发学生们的爱国情怀。

二、学情分析

初二学生的逻辑思维开始占优势,但其抽象的概念思维还需要感性经验的支持,所以教学过程中我会注重直观材料的运用,引导学生自主思考、理解,从而能够更好地继承和弘扬中华优秀传统文化、革命文化,发展社会主义先进文化。学生普遍感悟不深,浮于表面,流于形式,只有在老师的指导下,才能够深入文本阅读字里行间所蕴含的情感。因此在课堂中,应围绕语文核心素养,充分激发学生的学习兴趣,调动学生的积极性和主动性。

三、教学目标

(一)通过圈画,分析具有表现力的局部特点,刻画人物形象。
(二)结合写作背景,感受作者所表达的炽热的爱国热情。

四、教学重点与难点

(一)教学重点:通过圈画,分析具有表现力的局部特点,刻画人物形象。
(二)教学难点:结合写作背景,感受作者所表达的炽热的爱国热情。

五、教学过程

(一)教学导入

鲁迅先生在《革命时代的文学》一文中曾这样精辟地指出:"至于富有反抗性,蕴有力量的民族,因为叫苦没有用,他便觉悟起来,由哀音而变为怒吼。怒吼的文学一出现,反抗就快到了;他们已经很愤怒,所以与革命爆发时代接近的文学每每带有愤怒之音;他要反抗,他要复仇。"(见《鲁迅全集·而已集》)

《五月卅一日急雨中》就是这样的一篇"怒吼文学",它生动地表现了"富有反抗性,蕴有力量"的伟大的中华民族在帝国主义压迫、反动势力统治下的伟大觉醒,吼出了中国人民"要反抗""要复仇"的"愤怒之音",预示了"反抗"与"革命爆发时代"就要到来。正是这样的原因,才使得这篇散文获得了历久不衰的生命力!在龙华烈士纪念馆"使命的执着"展区中就用一副巨型的油画还原了当时"五卅运动"的案发现场,请同学欣赏。

当时,著名教育家叶圣陶在惨案发生的第二天来到现场,饱含激愤的语言记录下了他的所见所闻、所感所思,这就是课文《五月卅一日急雨中》。

(二)观看视频,了解背景

1. 这样一场轰轰烈烈的运动是怎样爆发的呢?我们通过一段视频来了解。

2. 请同学们仔细阅读课本中的1—5小节,思考作者心情是如何的?

分析:

"满腔的愤怒,头颅似乎戴着紧紧的铁箍。我走,我奋疾地走。"

"猛兽似的张着巨眼的汽车冲驰而过,泥水溅污我的衣服,也溅及我的项颈。我满腔的愤怒。"

结合油画内容,指出愤怒的原因:英国巡捕的枪杀、流血倒地的爱国青年、爱国青年手无寸铁、在自己祖国的土地上被洋人枪杀等。

作者十分愤怒,在"五卅运动"血腥的案发现场"奋疾"地走着。

(三)抓住人物细节描写,深入研读

作者一路上见到了哪些人、感受到了什么,圈画出人物身上的描写语句,思考为什么抓住这些部分?作者对其态度怎样?

人 物	特 点	描 写	作者的态度
外国巡捕	狰狞	手枪在他们的腰间;泛红的脸上的肉,深深的颊纹刻在嘴的周围,黄色的睫毛下闪着绿光,似乎在那里狞笑。	满腔的愤恨
爱国青年	严肃郁怒	我从来没有见到过这么严肃的脸,有如昆仑之耸峙;我从来没有见到过这么郁怒的脸,有如雷电之将作。青年的清秀的颜色隐退了,换上了北地壮士的苍劲。他们的眼睛将要冒出焚烧一切的火焰,紧闭的嘴唇里藏着咬得死敌人的牙齿…… 他们讲到民族的命运,他们讲到群众的力量,他们讲到反抗的必要;他们不惮郑重叮咛的是"咱们是一伙儿"!	惊异、感动、心酸、痛快
普通劳动者	伟大刚强	"中国人不会齐心呀!如果齐心,吓,怕什么!" 是一个三十左右的男子,粗布的短衫露着胸,苍黯的肤色标记他是在露天出卖劳力的。他的眼睛放射出英雄的光。	敬佩、赞叹、虔敬
胆小自私的人	可耻	玩世的微笑,仿佛鼻子里发出轻轻的一声"嗤" 漂亮的嘴脸,漂亮的衣着,在那里低吟,依稀是"可怜的无补费精神"! 袖手的幻化了,抖抖地,显出一个瘠瘦的中年人,如鼠的觳觫的眼睛,如兔的颤动的嘴唇,含在喉际,欲吐又不敢吐的是一声"怕……"	厌恶、诅咒

（四）细读标题，整体感悟

1. 文章题目除了强调这一具有历史见证意义的日期外，还突出了"急雨"。阅读课文，画出写到急雨的句子，思考：作者为什么将急雨比喻为"恶魔的乱箭"？他的心情是怎样的？

预设：

急雨冲刷了惨案的血迹，为凶手湮没罪证。

浇湿了游行宣告的青年，称为罪恶的帮凶。

体会作者走上街头时内心的情感：对帝国主义刽子手的极度愤怒、对革命遇难者极度悲伤。

明确：

此处"急雨"既是写实，亦是情景交融的写法。

抒发作者对英国巡捕残杀我同胞的激愤之情，抨击民国初期社会的黑暗；作者迁怒于冲洗了血迹的急雨，用"恶魔的乱箭"这个贬义的喻题比喻。

2. 文末再次提到"恶魔乱箭似的急雨"，与前文的意义有何不同？

这里的急雨成为爱国青年、普通劳动者形象的衬托，通过对比，更凸显"向前走"的内在力量，中国革命后继有人。

（五）指导朗诵，深华情感

集体朗诵11—13节。

示范朗读：

雨越来越急，风把我的身体卷住，全身湿透了，伞全然不中用。我回转身走刚才来的路，路上有人了。三四个，六七个，显然可见是青布大褂的队伍，中间也有穿洋服的，也有穿各色衫子的短发的女子。他们有的张着伞，大部分却直任狂雨乱泼。

他们的脸使我感到惊异。我从来没有见到过这么严肃的脸，有如昆仑之耸峙；我从来没有见到过这么郁怒的脸，有如雷电之将作。青年的清秀的颜色隐退了，换上了北地壮士的苍劲。他们的眼睛将要冒出焚烧一切的火焰，抿紧的嘴唇里藏着咬得死敌人的牙齿……

佩弦的诗道，"笑将不复在我们唇上！"用来歌咏这许多张脸正合适。他们不复笑,永远不复笑!他们有的是严肃与郁怒,永远是严肃的郁怒的脸。

指导:11—13节对爱国青年的描写犹如电影摄像一般,镜头由远而近,由散而聚,直到推出"脸"的特写。爱国青年的神圣、激情,对刽子手的切齿之恨溢于言表,同学们在朗诵中要着力表现出这种感觉,重读加点字,把握节奏,不宜太快。对"严肃与郁怒,永远是严肃的郁怒的脸"要特别慢一点,强调"永远是",体现爱国青年的愤怒。

(六)课后作业

1. 查阅五卅运动历史资料,以讲解员的身份写一份"五卅运动"的讲解稿。

2. 思考爱国青年的身份各不相同,他们都选择了革命这条路,是怎样的一种信仰?表现出了怎样的精神?

第二课时(校外)

一、教材分析

有了第一课时对英雄人物铺垫了基本的框架,在龙华烈士纪念馆上第二课时就有了文化、感情基础。

龙华烈士纪念馆集中展现了256位英雄人物的生平事迹,其中五卅运动在二楼大厅"使命的执着"展区,可供学生观看,该展区陈列了第一次国共合作在上海、中共四大、五卅运动、上海工人三次武装起义、四一二反革命政变五个单元。中国共产党在上海领导了五卅运动,这次运动拉开了第一次大革命高潮的序幕。在展区中,一张张老旧的照片、一篇篇新闻报道、一段段滚烫的文字,都记录着年轻的烈士们在中国革命中的贡献。当历史不再是一段简单的文字,而化为可见的、可参与的,同学们一定会更印象深刻。

二、学情分析

初中生的世界观、人生观、价值观都在逐步形成的过程中,"岁月静好,现世安稳"的他们只能在历史资料里了解新民主主义革命运动,但他们有很好的可塑性,通过对名家名篇和历史知识的讲解、自己的调查发现和与老师的沟通,能够不断学习,潜移默化地进行爱国主义信仰教育。

三、教学目标

(一)阅读具体事例,感受革命烈士不畏强暴、不怕牺牲的崇高精神。

(二)感悟革命烈士牺牲个人利益,换取全民族自由、平等的爱国主义精神。

四、教学重点与难点

(一)教学重点:阅读具体事例,感受革命烈士不畏强暴、不怕牺牲的崇高精神。

(二)感悟革命烈士牺牲个人利益,换取全民族自由、平等的爱国主义精神。

五、教学过程

(一)课前活动

1. 由教师带领阅读展厅的文字、图片等材料,拍摄五卅运动示威游行者头像,回忆《五月卅一日急雨中》一文的创作背景和写作内容。

2. 重点关注"五卅运动"的背景:1925年5月15日,上海日商内外棉七厂资本家借口存纱不敷,故意关闭工厂,停发工人工资。工人顾正正红带领群众冲进工厂内,与资本家论理,要求复工和开工资。日本资本家非但不允,而且向工人开枪射击,打死顾正红,打伤工人10余人,成为"五卅"运动的直接导火线。第二天,中共中央发出第32号通告,紧急要求各地党组织号召工会等社会团体一致援助上海工人的罢工斗争。19日,中共中央又发出第33号通告,决定在全国范围发动一场反日大运动。28日,中共中央召开紧急会议,决定以反对帝国主义屠杀中国工人为中心口号,发动群众于30日在上海租界举行反对帝国主义的游行示威。同时,为加强工会组织的力量,决定由共产党人李立三、刘华等主持,成立上海总工会。随后,刘少奇到达上海,参加上海总工会的领导。

(二)"讲解员"讲述"五卅运动"

要点:时间、地点、原因讲明,强调人数

1925年5月14日,上海日本纱厂工人为抗议日本资方无理开除工人而罢工,日本资本家开枪打死顾正红,激起上海工人、学生和市民的强烈愤怒。5月30日,上海学生2 000余人在租界内散发传单,抗议日本资本家打死顾正红,声援工人,被英国巡捕逮捕100余人。下午群众在英租界南京路老闸捕房门口,要求释放被捕学生,英国巡捕房开枪射击,打死13人,造成震惊中外的"五卅惨案"。

(三)观看油画《南京路五卅惨案》

思考:

1. 油画中哪一部分是最亮的?想要强调什么?

油画中的革命者们很亮,想要强调英勇无畏、不怕牺牲的精神。

英国巡捕的枪口很亮,强调帝国主义滥杀无辜、蛮横无理的样子。

2. 两方对阵，各自的武器是什么？为什么会形成这样的差距？

英国巡捕手持枪械，因为他们经历了第一次工业革命，经济实力大大增强，到处殖民掠夺资源。

中国革命者赤手空拳，有些手上只有报纸卷成喇叭喊口号。因为中国当时是一个农业国家，没有工业支持，在城市中的革命者连农业工具都没有，有些只能拿工厂工作时的工具，木棍、纱锭等。（展柜中有展示）

3. 参与游行的都是哪些人？能否结合课本回顾他们各自的特征？（从表情和动作人手）

课本内：严肃郁怒的爱国青年在奋勇抗议、伟大刚强的普通劳动者在施救。

课本外：散发传单的爱国青年、奋勇抵抗的爱国青年、照顾伤者的爱国青年和普通劳动者。

分析：在油画的光影结合中，我们能看到大声疾呼不怕帝国主义枪弹的革命者游行队伍,英国巡捕的枪口火光四射,正好瞄准了革命者们,而他们中已有人中弹,也有人倒地不起,而革命者们仍旧群情激奋,甚至还能看到散发传单的新女性,结合展厅中不断循环播放的游行口号:"上海是中国人的上海,打倒日本帝国主义!"气氛更加热烈,学生们非常有参与感。

4. 朗读课文 11—13 节,感受革命者的刚毅和不畏强暴的勇气。

(四)参与油画《南京路五卅惨案》互动展项

表情管理:应严肃愤怒。

呼喊口号:上海是中国人的上海,打到日本帝国主义!

动作:单手向上高举,用力高喊。

请参与"游行"的同学亲自读一下口号,做一下动作,讲述一下感受,思考一下非这么做不可的原因。

分析：口号是喊得十分响亮的，动作是有力的，因为在自己祖国的土地上自己的同胞在自己面前被外国列强枪杀，劳工们又受到虐待和压榨，辛苦工作却拿不到任何报酬，内心是十分愤怒的。

（五）完成任务单

1. 指导学生看《热血日报》中《帝国主义屠杀中之牺牲者》名单，体会事件的真实性。

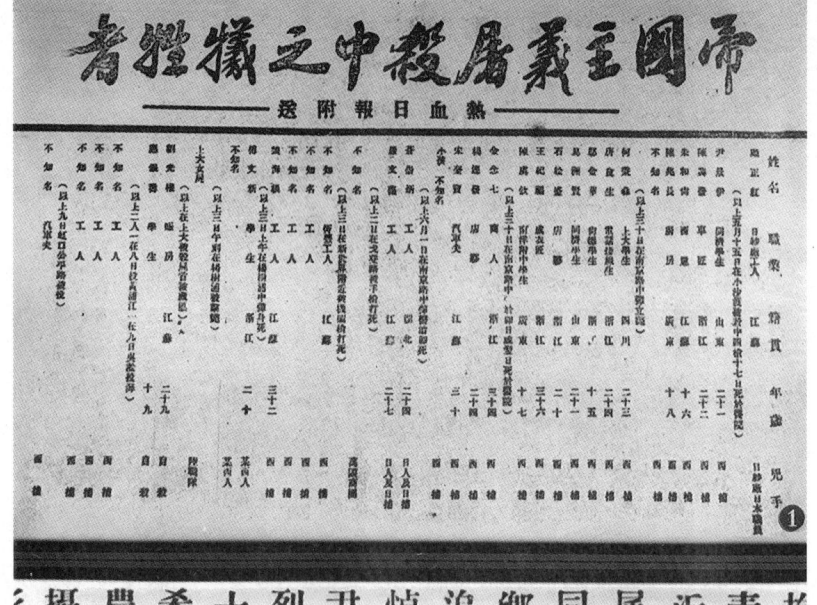

2. 五卅运动代表人物重点语句摘录：

顾正红：工人和工人都是亲兄弟，结不了怨恨。

刘华：愿拼热血如春雨，洒遍劳工神圣花。

瞿秋白：我吹着铁炉里的劳工之怒，我幻想，幻想着大同，引吭高歌……醉着了呀，群众！锻炼着我的铁花、火涌。

何秉彝：革命高潮已经来临，绝不能丢下工作和学习回家探亲。留在上海意义大，可以读更多的书做更多的事。

3. 摘录英烈人物的主要事迹。

顾正红	1922年进入上海日商内外棉九厂、七厂工作。1924年参加沪西工友俱乐部,成为工人夜校活动的积极分子。1925年参加二月罢工,同年5月15日为捍卫工人利益,惨遭日本资本家枪杀。他的牺牲成了"五卅运动"的导火索。
刘 华	1924年参加中国共产党,同年到沪西工友俱乐部。1925年参与领导二月罢工和"五卅运动"。同年,先后担任中华全国总工会执行委员、上海总工会副委员长等职务。1925年11月在上海被捕,12月被反动军阀杀害。
陈虞钦	1924年就读于上海工业专门学校附中。"五卅运动"当天参加学校学生会组织的反帝示威游行时,遭巡捕枪杀。
瞿秋白	1925年6月4日,瞿秋白主编的《热血日报》问世。他在报纸的发刊词上写下了"创造世界文化是热的血和冷的铁"。五卅惨案后,《热血日报》推动了中国第一次大革命高潮的序幕。
尹景伊	1921年考入同济医工学校,宣传反帝爱国思想。五卅惨案当天被推举为反帝大示威游行领队,在老闸捕房前掩护负伤同学时遭巡捕枪杀。
何秉彝	1924年考入上海大学社会学系。1925年参加中国共产党。同年任上海学联委员,并在共青团上海地委组织部工作。五卅惨案当天带领同学在南京路游行时,遭巡捕枪杀。

分析:对"五卅运动"代表人物的重点语句的摘录,体会个体在革命中精神力量的展现,从语言中体会他们的爱国主义热情。

(六)深入思考

1. 从各位英烈身上,你都学习到了什么?

顾正红:强调自学进步思想,为不平所抗争。

刘华:强调病中创作,不忘工人阶级的利益。

陈虞钦:年纪虽小,却思想进步,参与反帝爱国主义运动而牺牲。

瞿秋白:视死如归的平静。

尹景伊：热血青年参与反帝爱国运动。

何秉彝：思想进步，参与反帝爱国主义运动而牺牲。

2. 深入思考爱国青年的身份各不相同，他们都选择了革命这条路，是怎样的一种信仰？表现出了怎样的精神？

分析：明确年轻的党始终坚持救国救民，维护广大无产阶级者的利益，在探索中不断前进。爱国青年在不断学习西方先进理论后身负强烈的使命感，怀有共产主义的崇高信仰。

学生活动	指导要点	组织形式	分析
由教师带领阅读展厅的文字、图片等材料，拍摄"五卅运动"示威游行者头像，回忆《五月卅一日急雨中》一文的创作背景和写作内容	重点指导阅读"使命的执着"展区	小组流动学习（3个小组，每组2人左右）	重点关注"五卅运动"的背景：1925年5月15日，上海日商内外棉七厂资本家借口存纱不敷，故意关闭工厂，停发工人工资。工人顾正红带领群众冲进工厂内，与资本家论理，要求复工和开工资。日本资本家非但不允，而且向工人开枪射击，打死顾正红，打伤工人10余人，成为"五卅运动"的直接导火线。第二天，中共中央发出第32号通告，紧急要求各地党组织号召工会等社会团体一致援助上海工人的罢工斗争。19日，中共中央又发出第33号通告，决定在全国范围发动一场反日大运动。28日，中共中央召开紧急会议，决定以反对帝国主义屠杀中国工人为中心口号，发动群众于30日在上海租界举行反对帝国主义的游行示威。同时，为加强工会组织的力量，决定由共产党人李立三、刘华等主持，成立上海总工会。随后，刘少奇到达上海，参加上海总工会的领导。
请选出的讲解员讲述"五卅运动"	重点讲解导火索、起因、经过及结果	班级代表发言	

续 表

学生活动	指导要点	组织形式	分 析
观看油画《南京路五卅惨案》	关注人物的动作和表情	师问生答	在油画的光影结合中,我们能看到大声疾呼不怕帝国主义枪弹的革命者游行队伍,英国巡捕的枪口火光四射,正好瞄准了革命者们,而他们中已有人中弹,也有人倒地不起,革命者们仍旧群情激奋,结合展厅中不断循环播放的游行口号"上海是中国人的上海,打倒日本帝国主义!"气氛更加热烈,学生们非常有参与感。
集体朗诵课文11—13节,面向展厅缅怀逝者	组织所有学生到位,有感情地朗读	集体朗诵	指导情感。
参与互动展项	表情管理:应严肃愤怒	小组代表	当学生的头像进入了油画中,就代表加了反帝爱国运动的"五卅运动"中,这让学生新奇而又兴奋,结合第一课时中文本中感悟到的悲愤郁怒的情感,酝酿好自己的情绪后拍照。
完成任务单上的内容	提前发放任务单,结束后回收点评	小组合作学习	
在参观中思考作业2的答案	明确年轻的党始终坚持救国救民、维护广大无产阶级的利益,在探索中不断前进。爱国青年在不断学习西方先进理论后身负强烈的使命感,怀有共产主义的崇高信仰	教师讲解	在讲解的过程中,用典型的事例: 顾正红:强调自学进步思想,为不平而抗争。 刘华:强调病中创作,不忘工人阶级的利益。 陈虞钦:年纪虽小,却思想进步,参与反帝爱国主义运动而牺牲。 瞿秋白:视死如归的平静。 尹景伊:热血青年参与反帝爱国运动。 何秉彝:思想进步,参与反帝爱国主义运动而牺牲。

附：学习任务单
1. "五卅运动"代表人物重点语句摘录
顾正红：
刘华：
瞿秋白：
何秉彝：
2. 摘录英烈人物的主要事迹

姓　名	重点事件	你的感受
顾正红		
刘　华		
陈虞钦		
瞿秋白		
尹景伊		
何秉彝		

分析：摘录"五卅运动"代表人物参与的事件，了解他们在革命中的满腔热忱与视死如归，体会他们的爱国主义热情。

课后作业

通过两个课时的学习，结合学习任务单以小组为单位写一份参观烈士陵园的感想，题目自拟，400字左右。

为中华之崛起而读书

上海市教育科学研究院实验小学　顾菊凤　郁杨帆

一、教学目标

（一）在语境中自主识记"崛、范、魏、晰、效、淮、惑、惩、斥"9个生字，能正确书写18个汉字；能用合适的方法理解"崛起、光耀门楣、占据、中华不振、劝慰"等词语的意思。

（二）默读课文，能概括文中的三件事，并按一定的顺序连起来说清课文的主要内容。

（三）了解周恩来立下"为中华之崛起而读书"这个志向的原因，感受少年周恩来的博大胸怀和远大志向。

（四）查找资料，了解当时的时代背景，理解"中华不振"的原因。

二、教学重点与难点

（一）教学重点：能概括文中的三件事，并按一定的顺序连起来说清课文的主要内容。

（二）教学难点：能概括文中的三件事，并按一定的顺序连起来说清课文的主要内容。

三、教具与学具准备

（一）教具：PPT。

（二）学具：词卡、词贴。

四、教学设计

教学过程

学习内容	教师活动	学生活动	设计意图
回顾第一课时的学习内容，交代本课时的学习任务。	1. 回顾第一课时的学习内容。 2. 明晰本课的学习任务。	1. 概括第一件事。 2. 明晰本课的学习任务。	1. 明晰学习任务。 2. 知道课文写了关于周恩来的三件事，并能概括第一件事。
抓住"中华不振"，整体把握课文第二、第三件事。	1. 抓关键字理解"中华不振"的意思。 2. 引导围绕"中华不振"质疑。	1. 找出文中带有"中华不振"的句子。 2. 交流划出的句子。 3. 围绕"中华不振"质疑。	1. 能用合适的方法理解"中华不振"的意思。 2. 能根据课文内容提出自己的疑问。
学习第二件事。	1. 借助资料，了解当时的社会背景。 2. 小结：了解周恩来第一次听到"中华不振"时，并不完全明白。	1. 默读第二件事的相关段落，试着概括第二件事。 2. 抓住伯父说了什么，周恩来有什么反应说清第二件事。 3. 理解伯父说的话，借助资料，了解当时的社会背景。	1. 在语境中巩固识记"崛、范、魏、晰、效、淮、惑、惩、斥"9个生字；能用合适的方法理解"占据"的意思。 2. 默读课文，能概括第二件事。 3. 能查找资料，了解当时的时代背景，理解"中华不振"的原因。
学习第三件事。	1. 小组合作学习第三件事的相关段落，整体把握这件事，引导关注文中的"这个女人"。 2. 联系课文内容说说这个女人"不幸在哪里"，从而体会"中华不振"。 3. 指导概括第三件事。 4. 小结：了解周恩来立志"为中华之崛起而读书"的原因。	1. 小组合作学习第三件事的相关段落，整体把握这件事，引导关注文中的"这个女人"。 2. 齐读女人这部分的内容。 3. 联系课文内容交流体现女人不幸的语句，并谈谈自己的感受。 4. "劝慰"的意思，联系之前伯父说的话，体会"中华不振"，释疑。概括第三件事。	1. 能用合适的方法理解"劝慰"的意思。 2. 默读课文，能概括第三件事。

续 表

学习内容	教师活动	学生活动	设计意图
说清课文主要内容,理解周恩来立下志向的原因。	引导发现三件事情之间的因果关系。	将三件事连起来,说清课文的主要内容。	1. 能按一定的顺序连起来说清课文的主要内容。 2. 了解周恩来立下"为中华之崛起而读书"这个志向的原因,感受少年周恩来的博大胸怀和远大志向。
课堂小结。	教师语言小结。		

第一课时(校内)

教学目标:

1. 在语境中自主识记"崛、范、魏、晰、效、淮、惑、惩、斥"9个生字,能正确书写18个汉字;能用合适的方法理解"崛起、光耀门楣"等词语的意思。

2. 默读课文,知道课文写了关于周恩来的三件事,并能概括第一件事。

第二课时(校内)

教学目标:

1. 在语境中巩固识记"崛、范、魏、晰、效、淮、惑、惩、斥"9个生字;能用合适的方法理解"占据、中华不振、劝慰"等词语的意思。

2. 默读课文,能概括第二、第三件事的内容,并能按一定的顺序连起来说清课文的主要内容。

3. 了解周恩来立下"为中华之崛起而读书"这个志向的原因,感受少年周恩来的博大胸怀和远大志向。

4. 能查找资料,了解当时的时代背景,理解"中华不振"的原因。

一、回顾第一课时的学习内容,交代本课时的学习任务。

1. 回顾第一课时的学习内容。

师:上节课,我们先熟读了课文,再梳理了文章,知道文章一共写了周恩来青少年时期的三件事,并且关注了主要人物周恩来和事件,说清了第一件事的内容。

2. 指名讲述第一件事。

师:谁来说说第一件事讲了什么?

（1）回顾本课的学习任务。

出示:

1. 了解周恩来立志"为中华之崛起而读书"的原因;

2. 关注主要人物和事件来把握文章的主要内容。

3. 交代本节课的学习任务。

师:这节课,我们继续运用这样的方法来说清第二和第三件事情,同时了解周恩来立下"为中华之崛起而读书"这个志向的原因。

二、抓住"中华不振",整体把握课文第二、第三件事。

1. 找出文中带有"中华不振"的句子。

师:请同学们把书本翻到第22课,在课文第11—17自然段里,有一个词语反复出现,请你们读一读,找到这个词语并把这个词所在的句子用直线划出来。（板书:中华不振）

2. 交流划出的句子。

交流、出示:

● "中华不振哪!"伯父叹了口气,没有再说什么。

● 十二岁的周恩来当然不能完全明白伯父的话,但是"中华不振"四个字和伯父沉郁的表情却让他难以忘怀。

● 此时的周恩来才真正体会到"中华不振"这四个字的沉重分量。

3. 抓关键字理解"中华不振"的意思。

（1）理解"振"

（2）理解"中华不振"

（3）读好"中华不振"

4. 引导围绕"中华不振"质疑。

师：我们来读一读，(读完)你们有什么疑问吗？

泛红：不能完全明白、真正体会；出示：箭头、问号

那就让我们带着这个问题，深入学习课文的第二、第三件事。

板书：疑惑不解　真正体会　箭头

三、学习第二件事。

出示：第11—14自然段

1. 自由朗读第二件事的相关段落，试着概括第二件事。

师：自己读读11—14自然段，同桌之间说一说第二件事讲了什么(手引一引，注意关注)。

2. 抓住伯父说了什么，周恩来有什么反应说清第二件事。

（1）周恩来究竟对什么不能完全明白？

师：疑惑不解什么？

预设：为什么中国会被外国人占据？

（2）理解"占据"

师："占据"的意思就是占领，文章中说奉天有些地方就是被外国人占据。在周恩来十二岁那年，也就是1910年，被外国人霸占的何止奉天这一个地方啊！

（3）借助资料，了解当时的社会背景；引读、理解伯父说的话。

出示：时局图

师：瞧，这是当时的一张时局图。熊代表俄罗斯，当时霸占了东北三省，犬代表英国，当时霸占了长江一带，蛤蟆代表法国，当时霸占了广东、广西、云南等地。这些被外国人占据的地方，中国人在那里(引读)不能随便去玩，有事也要绕着走，免得惹出麻烦没有地方说理，

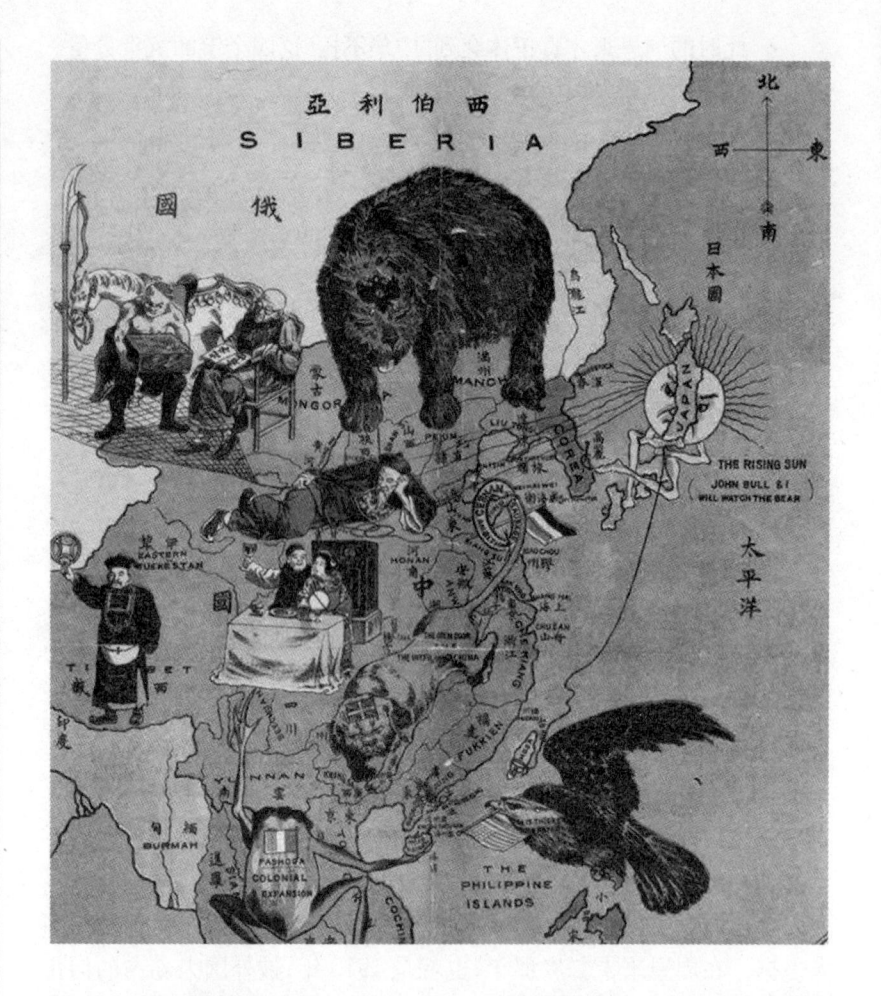

可以说是没有任何权利。所以当伯父说到这句话的时候，周恩来是——疑惑不解的。

刚才那位同学还说到伯父说"中华不振哪"，这里周恩来对此——（不能完全明白），不能完全明白的意思就是——（疑惑不解）。所以当伯父说了这两次话后，周恩来都是——（疑惑不解）。

那现在我们就可以将伯父说的话给连起来，"当听到……时，周恩来……",谁来说一说。

(4)小结,了解周恩来第一次听到"中华不振"时,并不完全明白。

了解当时时局

师：所以刚刚我们关注了主要人物与事件，主要人物就是周恩来，主要事件就是他听到了什么，板书：耳闻，这样就把第二件事情给说清楚了。

四、学习第三件事。

过渡：后来又发生了什么，让他真正体会到了这四个字的沉重分量呢？我们继续运用刚才的方法把握第三件事情的主要内容，现在小组合作学习，先分工读一读第15—17自然段，说一说第三件事情。

1. 小组合作学习第三件事的相关段落，整体把握这件事。

指名小组派代表说。

预设：说得很啰嗦。

师：你关注到了周恩来目睹和这个女人有关的内容就是主要事件，板书：目睹，但是说得不够简洁，那么我们来看看，在这个女人身上发生了什么呢？

2. 联系课文内容说说这个女人"不幸在哪里",从而体会"中华不振"。

(1) 指名读体现女人不幸的语句。

师:我请一位同学来读一读这部分内容。

(2) 联系课文内容交流体现女人不幸的语句,并谈谈自己的感受:谁先来说?

预设1:亲人被外国人的汽车轧死了。

师:这个亲人,有可能是她的——

失去了至亲,这个女人是不幸的。

预设2:她原本指望巡警局给她撑腰,惩处这个外国人,谁知中国的巡警不但不惩处肇事的外国人,反而训斥她。

师:本该伸张正义,本该保护老百姓的巡警,这时也没能帮她,这是她的不幸。

预设3:围观的中国人都紧握着拳头,但这是在外国人的地盘里,谁又敢怎么样呢? 大家只能劝慰这个不幸的女人。

师:自己的同胞敢怒却不敢言,就只能——。

(3) 抓住"劝慰",想象说话,联系之前伯父说的话,体会"中华不振",释疑。

① 想象说话,理解"劝慰"的意思。

师:同学们,我们已经知道当时中国被各国列强瓜分,在他们的地盘我们没有任何权利,这个女人是可怜的,你会怎么劝慰她呢?

② 引导发现围观中国人的想法和做法的矛盾之处,联系伯父的话,体会"中华不振"。(指名2个人说)

③ 指导用伯父说的话来概括第三部分的相关内容。

师:亲人被外国人轧死却没有一个中国人来替她主持公道,这真是天大的不幸啊!

3. 指导概括第三件事。

(1) 自由练习。

(2) 指名说:现在谁来说清第三件事。

目睹此情此景,周恩来终于理解了伯父所说的(出示:第11自然段伯父说的话,齐读、泛红),从而真正体会到了"中华不振"这四个字的沉重分量。

4. 了解周恩来立志"为中华之崛起而读书"的原因。

师:现在你们知道为什么周恩来会立志"为中华之崛起而读书"了吗?

五、说清课文主要内容,理解周恩来立下志向的原因。

1. 引导发现,理清事情之间的关系。
2. 自由练习将三件事连起来,说清课文的主要内容。
3. 指名说课文的主要内容,发现三件事情之间的因果关系。
4. 按照课文顺序说清课文的主要内容。

师:现在请你们将这三件事按照一定的顺序,连起来说清课文的主要内容。

六、总结全文,梳理方法,布置作业。

1. 总结全文,梳理学习方法。

师:通过这节课的学习,我们知道把握多件事课文的主要内容,首先要熟读课文,接在再梳理课文讲了几件事,然后应关注主要人物和事件,再想一想这几件事之间的关系,最后按照一定的顺序将多件事连起来,说清课文的主要内容。同时,我们也还感受到了周恩来的博大胸怀和远大的志向。

2. 布置作业

(1) 完成《练习册》第三、四、五题。
(2) 把课文的主要内容说给自己的同伴听。
(3) 查阅资料了解当时的社会状况。

板书:

22 为中华之崛起而读书

结果		说出志向		
原因	周恩来	耳闻	中华不振	疑惑不解
		目睹		真正体会

副板书:
熟读
梳理
关注
说清

第三课时(校外)

一、教材分析

龙华烈士纪念馆,共分为八个展厅,本课主要利用的是第一部分——信仰的召唤,课文《为中华之崛起而读书》的时代背景正好与"信仰的召唤"这一部分所展示的内容相近,通过展馆内的历史文献及资料,以及这一部分中风云人物的介绍,让学生了解当时的历史背景,说说英雄的故事,从而更好地理解课文背景,了解周恩来为什么会说出"为中华之崛起而读书"这句话。

二、学情分析

小学四年级的学生已经初步具备自我阅读、归纳总结的能力,学生们通过在龙华烈士纪念馆"信仰的召唤"板块的参观,了解时代背景,结合自己所查阅的资料,体会课文《为中华之崛起而读书》中周恩来立下如此志向的原因。通过小组合作学习,试着理解英雄们所追求信仰,讲讲他们勇于奉献的动人故事。

三、教学目标

(一)了解"信仰的召唤"中的历史背景,以及当时的时代背景下所涌现出的英雄人物。

(二)学会摘抄英雄人物的经典语录,并尝试归纳他们的主要事迹。

（三）通过小组合作，培养互帮互助、团结协作的团队精神。

四、教学重点与难点

（一）教学重点：尝试将看到的内容，用自己的话语进行表述。

（二）教学难点：有感情地讲述英雄们的故事。

五、教学设计

教学过程

学习内容	教师活动	学生活动	设计意图
导入	1. 组织交流当时的社会状况。 2. 组织交流当时的英雄人物。 3. 请讲解员"信仰的召唤"这一部分的故事。	1. 交流当时的社会状况。 2. 交流当时的英雄人物。	通过交流与观赏了解当时的社会。
小组合作学习	组织小组合作学习，根据"信仰的召唤"完成作业单。	小组合作学习，根据"信仰的召唤"完成作业单。	完成任务单，更深刻感受当时的社会状况。
我是小小讲解员	派代表讲解。	小组依次为我们讲解，重新再参观一次"信仰的召唤"部分。	让学生身临其境，再一次感受。
课堂小结	教师语言小结。		

附

一、导入

师：同学们，上节课我们学习了《为中华之崛起而读书》第一课时的内容，也留了一个课后作业，查阅资料了解当时的社会状况，谁跟大家交流一下你查到了哪些内容。

生：（交流查阅的资料。）

师：嗯，说得很准确。当时的中国正处在内忧外患的阶段，当时的清政府不作为，签署了很多丧权辱国的条约，让中国很多的地方都沦为了外国的殖民地，所以当时很多的爱国人士团结起来，进行革命，从此中国人民开始走上自救之路。在革命的道路上，涌现出了一批像周恩来一样的英雄人物，同学们都知道哪些英雄人物呢？

生：（交流所知道的英雄人物。）

师：在革命中牺牲的烈士，数不胜数，有些我们叫得出名字，有些我们还不认识他，今天在龙华烈士陵园，我们一起来认识他们。首先，让我们请场馆的讲解员老师，给我们讲讲"信仰的召唤"这一部分的故事。

在讲解员的带领下，参观"信仰的召唤"部分

二、摘抄英雄人物话语

师：谁能说说在听完讲解之后，有什么感受吗？

生：他们都非常英勇，为了中国的解放，付出了生命。

师：嗯，是的。虽然他们的事迹我们了解的还不完全清楚，虽然他们的故事，我们还不能完全地说出来，但是在他们的一生中留下了一些值得我们好好阅读、好好学习的话语，大家有没有注意到？

生：嗯，在一些英雄人物的上方，用白色大字印在上面的就是他们讲过的话语。

师：那接下来，我们就以小组为单位，根据"信仰的召唤"这个展厅中的几个板块，每个小组选择一块内容中的一至二位英雄人物，完成这张作业单。并且请大家熟读记录的内容，一会儿结束之后，我们将进行小组交流。

学习任务单

班 级		小队名	
成 员			
革命英雄人物	主要事迹		语录摘抄

（教师在场地内进行指导，也可以请场馆内讲解员一起参与）

三、我是小小讲解员

师：现在，每个小组都完成了学习任务单的填写，接下来，我们将根据板块的顺序，各小组依次带领我们，重新再参观一次"信仰的召唤"部分。这次的讲解我们就请同学们来担任。

注意在朗读英雄烈士们语录的时候，可以想想他们在写下这段话语时的心境，我们尽量用他们当时的心情来朗读。

（各小组依次为大家进行讲解）

师：听完了各组的交流，接下来，同学们可以说说你觉得哪里说得最好，好在哪里？可以从流畅度、情感、讲解时的仪表等方面进行评价。

生：我觉得××小队讲解的最好，因为……

（根据时间请一些同学进行互评）

四、课堂小结

师：今天这堂课我们学习与《为中华之崛起而读书》相同背景下的英雄人物的故事，大家学习之后有什么感受？

(学生进行交流)

师：今天我们认识的英雄人物只是龙华烈士陵园中的一部分，只是为了解放中国付出生命的烈士中的冰山一角，虽然他们牺牲了，但是他们的精神应该被我们永远铭记。请所有队员们，全体立正，向我们的烈士，敬礼（敬少先队队礼）。

课后作业：

1. 再读《为中华之崛起而读书》，说说你有什么不一样的感受。
2. 在教师指导下，全班整理汇总成一份学习报告，利用少先队活动课，面向全校师生开展一次"少先队员讲四史"活动。

爱国工程师詹天佑

徐汇区龙华小学　王　萱　黄紫艳

一、教材分析

《詹天佑》是五年级下册第二单元的一篇课文。课文主要写了詹天佑一生中最主要的事迹——主持修筑第一条完全由我国工程技术人员设计、施工的京张铁路，在讲述修路过程时，着重强调爱国主义精神是他战胜一切艰难险阻的动力；在技术落后的情况下，他创造性地开凿隧道、设计人字形线路。全文引导学生体会詹天佑不畏嘲讽、不畏困难的爱国热情和创新精神，树立为国家繁荣和民族振兴而刻苦学习的目标。字里行间流露出对中国人民智慧和力量的赞颂，让学生在提升基本语文素养的同时更真切感受爱国主义精神，勇立时代潮头，争做时代先锋。

"龙华千古仰高风，壮士身亡志未穷。墙外桃花墙里血，一般鲜艳一般红。"龙华烈士陵园作为全国重点文物保护单位和重点烈士纪念建筑物保护单位，集中展现了256位英雄人物的生平事迹，其中第六部分——时代的先锋，主要展示了中华人民共和国成立后在社会主义建设时期和改革开放新的历史时期各领域涌现出的烈士与英模。在无私奉献展区和锐意创新区，展现在社会主义建设时期各个岗位的英烈、英模及普通人面对险情、困难无私奉献的感人事迹及精神内涵。通过各种真实的人、物和事来增加对烈士陵园这座庞大建筑物的更深层次的认识，提高学生对龙华烈士陵园本主题区域的认识，培养学生发自内心的爱国情感、自豪感及使命感。

二、学情分析

小学阶段的学生对什么叫为祖国至上、无私奉献的理解并不十分清楚。如果只通过课本中的文字和图片进行教学，学生不易理解课文背后所要展示的精神与意义，对学生的冲击性也不大。通过这次馆校合作的课程活动，意图缩小学生生活与教材内容的距离，帮助学生了解为了祖国繁荣富强从清政府到如今新时代有多少英烈、英模为之奋斗，为之努力，甚至付出生命，以此增强民族自豪感与使命感。

三、教学目标

（一）通过参观烈士陵园感受烈士、英模为了祖国的发展而不畏艰险、努力拼搏的爱国精神，树立奋发图强建设国家的志向，缅怀与敬仰人民英雄，培养学生的爱国热情。

（二）了解杰出的爱国工程师詹天佑的事迹，体会詹天佑的杰出才华和爱国主义精神。

（三）激发学生热爱祖国、立志为祖国奉献的思想感情。

第一课时（校外）

一、教学目标

（一）了解烈士、英模的光辉事迹，感受中国人民的智慧与力量。

（二）通过参观烈士陵园感受烈士、英模为了祖国的发展而不畏艰险、努力拼搏的爱国精神，树立奋发图强建设国家的志向，缅怀与敬仰人民英雄，培养学生的爱国热情。

二、教学过程

（一）以小组活动为学习形式，请展馆的讲解员向同学们讲述"时代的先锋"板块，初步了解中华人民共和国成立后在社会主义建设时期和改革开放新的历史时期各领域涌现出的烈士与英模。

（二）以学习单的形式开展自我学习的过程（如有馆内老师帮忙指导更佳）。

时代先锋	主要事迹	语录摘抄

爱国工程师詹天佑

（三）各小组整理好自己的笔记，开展"我是小小讲解员"活动，让同学们根据自己的记录，带领班上的同学再次踏上"祖国发展"之路。从而自我归纳出这些英烈、英模为国家发展、建设而不畏艰险去奋斗、努力、拼搏的爱国精神。

第二课时（校内）

一、教学目标：

（一）了解杰出的爱国工程师詹天佑的事迹，理解课文内容。

（二）结合具体实例感悟课文内容，理解含义深刻的句子，体会詹天佑的杰出才华和创新精神。

（三）激发学生的爱国热情，增强民族自豪感。

二、教学过程：

活动一：认识詹天佑，体会詹天佑的杰出才华和创新精神。

复习导入。

上节课我们参观了龙华烈士陵园，认识了许多在社会主义建设时期和改革开放新的历史时期各领域为了祖国无私奉献的烈士与英模，在我们中国近代的百年屈辱史中，同样也曾经涌现出了很多的爱国人士，像虎门销烟的林则徐、收复台湾的郑成功等。今天我们再来认识一下我们中国的伟大爱国工程师詹天佑。

（1）投影出示詹天佑的图片以及简介。

（2）请一位同学根据投影来向大家介绍一下詹天佑。

（学生交流）

师：刚才这位同学的精彩介绍让我们对詹天佑有了一个大概的印象，那么他到底为什么会被称为伟大的爱国工程师呢？今天我们就来学习第20课《詹天佑》。

活动二：了解杰出的爱国工程师詹天佑的事迹，激发学生的爱国

热情,增强民族自豪感。

(一)默读第2、3自然段,思考詹天佑是在什么情况下主持修筑京张铁路的?

(二)以四人小组为单位,根据投影给出的提示一起学习、讨论。(投影提示问题)

(三)请个别学生回答:

(1)当时的情况怎样?

(帝国主义的阻挠)怎样阻挠?"要挟"什么意思?

(要挟:利用对方的弱点,强迫对方答应自己的要求。)

那么在这里,帝国主义是利用我们什么弱点,强迫答应他们的什么要求呢?

(2)当地的情况怎样?我们可以从外国报纸的一句话可以看出吗?

"能在南口以北修筑铁路的中国工程师还没有出世呢。"这句话我们还能看出什么?

(外国人对中国人民十分藐视,认为中国人是不可能修成这条铁路的。)

还能从课文的哪里看出这点?

("至于中国人,是无论如何完成不了这样的工程的"。)

(3)全国的反映如何?

用文中的一个词来概括。(轰动)

你想象一下当时中国人民会怎样议论呢? 如果是你,你会怎么说?

(詹天佑真是为中国人争了一口气啊!)

表现了人民怎么样的心愿?(殷切希望铁路修筑成功。)

有谁能根据投影的提示,把这个问题连起来回答一遍,注意当时和当地的情况?

(请2—3人回答)

4. 这一段对当时的环境的描写,对表现詹天佑这个人物有什么作用呢?

(衬托了詹天佑的爱国主义精神。)

5. 有感情地朗读课文(齐读)

三、总结

无论是平凡人还是英烈,无论是旧中国还是新时代,无数的中国人都在为国家的建设、国家的发展而拼搏着。我们也要认真学习,以祖国为荣,为了中华民族伟大复兴的中国梦而努力,做新时代的接班人。

守初心,担使命

南洋中学　朱　天

第一课时(校内)

一、教材分析

本课是人民教育出版社《思想政治》(必修一)《中国特色社会主义》第二课《只有社会主义才能救中国》第一框《新民主主义革命的胜利》的内容。本课承接第一课《社会主义从空想到科学、从理论到实践的发展》,在第一课介绍了人类发展规律和各个社会形态之后,本框重点介绍:中国为什么选择了马克思主义、选择了中国共产党、选择了社会主义? 在实现中华民族伟大复兴的历史征程中,中国人民进行了哪些艰辛探索,有哪些仁人志士为民族独立、人民解放作出奉献和牺牲,让学生明确中国选择社会主义道路的必然性。

二、学情分析

高一学生具备基础的历史知识,对中国近代史时间段有准确的概念,对于太平天国运动、洋务运动、戊戌变法、旧民主主义革命、辛亥革命、北洋军阀混战有基本的认识,通过教师的梳理,学生能够理解这些运动代表的不同阶级的努力,最终未能拯救中国。十月革命后,中国选择了马克思主义,选择了中国共产党,建立了中华人民共和国,创造出一条符合中国国情的复兴之路,中华民族站起来了。通过对历史知识的梳理分析,理清背后的原因,结合第一课人类社会发展规律,让学生树立初步的政治认同。

三、教学目标

（一）政治认同：通过近代以来各阶级人士探索复兴之路的历史事件，证明在半殖民地半封建的近代中国资本主义道路走不通，认同中国共产党是历史和人民的选择。

（二）科学精神：通过了解近代中国的历史，认识中国逐步成为半殖民地半封建社会的过程，懂得近代中国人民面临的两大历史任务，以及两者之间的关系；明确新民主主义革命的性质以及新民主主义革命和社会主义革命的关系。

（三）公共参与：通过关于五四运动的讲解，了解学生为反对北洋政府的卖国政策自发游行，新民主主义革命由此开端。让学生理解，政治生活离我们不远，作为国家公民，我们有权去争取属于自己的权利。

四、教学重点与难点

（一）教学重点：中国选择社会主义道路的必然性，确立社会主义基本制度的意义。

（二）教学难点：为什么资本主义道路在中国走不通。

五、教学过程

（一）历史背景，导入新课

复习第一课知识点"人类社会发展规律"，引出本课重点是资本主义道路为什么在中国走不通，中国为什么选择了社会主义，选择了中国共产党。

梳理历史知识，介绍工业革命后，西方资本主义国家的发展。1840年的鸦片战争，英国用坚船利炮打开了中国国门，后续一系列不平等条约的签订，使中国彻底沦为半殖民地半封建社会。

图片导入：《时局图》分析

讲解《时局图》的含义，图中熊代表俄国，犬代表英国，蛤蟆代表法国，鹰代表美国，太阳代表日本，香肠代表德国，中国正面临着"亡国灭种"的危机。该图生动形象地反映了封建帝国已沦为半封建半殖民地国家的历史现实,帝国主义列强对中国虎视眈眈,清政府官员仍然封建腐败、思想禁锢。在这样的情况下,中国各个阶级的救亡图存运动开始展开。

(二)复兴之路,艰难探索

探究一:以图片形式展现"天朝田亩制度""康有为、梁启超""孙中山",提问图中分别代表了哪次运动,其中的人物是哪次运动的领导人,这些运动的结局如何。

设计意图:讲解由有识上层官僚发动的洋务运动、由地主知识分子发动的戊戌变法、农民阶级的太平天国起义、义和团运动、资产阶级发动的辛亥革命、爱国青年学生发动的五四运动等。

这些不同阶级的爱国运动最终未能实现救亡图存的目的,引出知识重点:

在半殖民地半封建的近代中国,资本主义道路走不通。

原因是:外部条件不允许,帝国主义不希望中国强大;内部条件不具备,封建势力和帝国主义勾结,成为了民族资产阶级发展的阻碍,农民阶级不代表先进生产力的力量,民族资产阶级具有妥协性和软弱性的特点,不能承担起领导中国人民完成反帝反封建的民主革命的使命。

(三)阅读材料,胜利征程

阅读书本第22页探究与分享,展示李大钊作为中国大地上举起科学社会主义旗帜的第一人,在《新青年》上发表了《我的马克思主义观》,李大钊预言:"试看将来的环球,必是赤旗的世界。"

设计意图:引出1917年十月革命的胜利,建立了世界上第一个社会主义国家,使得科学社会主义从理想变成现实,引出中国共产党的成立。

1921年,陈独秀、李大钊相约在上海建党,在马克思列宁主义同中国工人运动相结合的过程中,中国共产党应运而生,中国人民有了主心骨。

"农村包围城市,武装夺取政权,最后夺取全国胜利的新民主主义革命道路"的讲解,解析新民主主义革命中的具体实践,从国共内战、土地革命、抗日战争、解放战争,经过28年浴血奋战和顽强奋斗,在1949年建立了中华人民共和国。

（四）建党建国,总结升华

提问:新民主主义革命"新"在哪?

设计意图:强调新民主主义革命的领导者、革命前途和所属范畴都有所改变,引出新民主主义革命的性质是无产阶级领导的,工农联盟为基础的,人民大众的,反对帝国主义、封建主义和官僚资本主义的民主革命。

领导权变为无产阶级,革命前途是建立社会主义社会,革命范畴属于世界无产阶级革命的一部分。

中国革命需要分两步走,第一步是取得新民主主义革命的胜利,使得中国社会变成一个独立的新民主主义的社会;第二步是建立社会主义社会。两个革命阶段相互衔接。

最后,阐释中华人民共和国成立的意义,中国人民从此站起来了,了解毛泽东思想的形成。

六、板书设计

```
                        帝国主义
1840年鸦片战争 ┌ 洋务运动、清末新政——封建阶级    外部势力不允许
旧民主主义革命 ┤ 太平天国、义和团运动——农民阶级 → 内部实力不能够
               └ 戊戌变法、辛亥革命——资产阶级
    ↓
1919年五四运动 ┌ 主心骨:中国共产党
新民主主义革命 │ 道路:农村包围城市,武装夺取政权
               │ 性质:无产阶级领导的,工农联盟为基础的,人民大众
               │       的,反对帝国主义、封建主义和官僚资本主义
               └ 指导思想:马列主义、毛泽东思想——实践

1949年新中国成立 ⟶ 中国人民站起来
```

第二课时（校外）

一、教材分析

龙华烈士陵园作为全国重点文物保护单位和重点烈士纪念建筑物保护单位，集中展现了256位英雄人物的生平事迹，从鸦片战争到中华人民共和国成立，展示了近代以来，中国仁人志士救亡图存的探索努力。本次场馆教学，利用龙华烈士陵园两个展厅"信仰的召唤"与"使命的执着"，讲述英烈的牺牲之路，感悟中华民族崛起之路，理解共产党人开创新民主主义道路的不易，在思想上弄清楚中国共产党为什么"能"，坚定中国特色社会主义的道路自信和理论自信。

二、学情分析

通过课内课时的学习，学生基本掌握了近代中国仁人志士救亡图存的历史，五四运动后，马克思主义在中国传播、中国共产党的诞生和中华人民共和国成立等相关知识点，同时把握了旧民主主义革命与新民主主义革命之间的关联。但是缺乏直观的感知和理解历史能力，带领学生走进博物馆，尽可能还原历史，培养学生的家国情怀和对当前社会主义制度的认同感。

三、教学目标

（一）学生能够了解并讲述民主主义革命这段历史，能认识到中国仁人志士为救亡图存所付出的努力，能理解革命道路的不易。

（二）能够认识到社会主义制度是适合中国国情的，马克思主义是能够指导中国革命实践的科学指导思想。

（三）结合今天中国的成就，让学生认识到作为青年人承担着国家复兴的使命。

四、教学重点与难点

（一）教学重点：民主主义革命时期英烈的救亡图存历史。

（二）教学难点：中国为什么选择了马克思主义和社会主义道路，个人的发展和国家发展紧密相连。

五、教学过程

（一）悲怆的历程——近代中国探索复兴之路

1840年鸦片战争后，中国沦为半殖民地半封建社会，争取民族独立、人民解放和实现国家富强、人民幸福成为中国人民的历史任务。通过龙华烈士陵园展示的革命先烈事迹，解决"在半殖民地半封建的近代中国，资本主义道路走不通"的议题。

结合场馆资源，主要介绍旧民主主义革命中资产阶级和农民阶级的努力。由辛亥革命导入参观，介绍资产阶级代表人物。

1. 资产阶级代表人物：

邹容：22岁牺牲，17岁写下《革命军》。场馆展示图片可以类比《时局图》，讲解当时底层的百姓，麻木的表情、分明的肋骨，妈妈只想让孩子活下去，增强学生对近代中国人民受压迫和剥削的认知。

秋瑾：女权主义，号召男女平等。

2. 农民阶级代表人物：

清末农民起义的展示和讲解，南京路游行，让列强从亡国目标转向瓜分中国。

探究一：为什么资产阶级和农民阶级的救亡图存道路最后行不通？

设计意图：中国需要符合国情的新指导思想，需要新的领导者和革命道路，引出新民主主义革命。

（二）胜利的征程——新民主主义革命

通过对新民主主义革命时期革命人的讲解，点出马克思主义传入中国后，中国共产党人探索出一条农村包围城市、武装夺取政权、最后夺取全国胜利的新民主主义革命的道路。

馆校融合　知行并进

党的早期组织创建者李汉俊，作为马克思主义的老师，传播马克思主义。

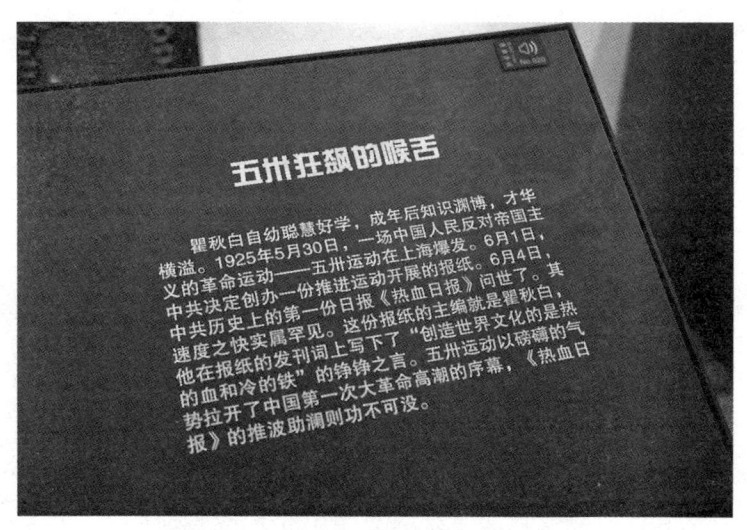

> **五卅狂飙的喉舌**
>
> 瞿秋白自幼聪慧好学，成年后知识渊博，才华横溢。1925年5月30日，一场中国人民反对帝国主义的革命运动——五卅运动在上海爆发。6月1日，中共决定创办一份推进运动开展的报纸。6月4日，中共历史上的第一份日报《热血日报》问世了。其速度之快实属罕见。这份报纸的主编就是瞿秋白，他在报纸的发刊词上写下了"创造世界文化的是热的血和冷的铁"的铮铮之言。五卅运动以磅礴的气势拉开了中国第一次大革命高潮的序幕，《热血日报》的推波助澜则功不可没。

瞿秋白,创办《热血日报》,发刊词"创造世界文化的是热的血和冷的铁";牺牲地的照片讲解。

通过对普通人的刻画,表明革命者其实也会害怕,但他们依然选择去做。革命并不是脸谱化和标准化的,是一个个普通人前仆后继的牺牲。

(三)信仰的召唤——中国共产党的成立

1. 观看场馆动画,讲述中国共产党成立的意义,中国革命从此有了主心骨和新的领导人。

2. 早期中国共产党人的介绍：

蔡和森：主编《向导》,从事党的宣传理论工作。

向警予：主编《长江》,中共第一任妇女部部长,看到女性的力量。

恽代英：主编《中国青年》,后被国民党关押,在南京英勇就义。

李硕勋：我的人生观是革命,我的生命也就是革命了。

1921年7月，中国共产党在上海正式成立

守初心，担使命

馆校融合　知行并进

探究二：早期中国革命党人其实多数出身优渥，为什么愿意放下这些资源投身革命？

假设是你身在革命年代，你会怎么选择？

设计意图：有国才有家，在国仇家恨的战争年代，没有人能够幸免，个人的发展和国家的发展在任何时代都是紧密相连的，培养学生的家国情怀。

（四）青年的使命——中国的成就与青年成长

场馆教学结束后，前往龙华烈士陵园红色讲堂，对本课主题进行总结升华。

材料一：孙中山的《建国方略》一书，构建了中国建设的宏伟蓝图。今天，中国人民创造的成就远远高于孙中山的设想。

材料二：改革开放40周年大会上，习近平总书记的讲话。中华人民共和国成立70多年来，我们党创造了世所罕见的两大奇迹。

问题1：阅读《建国方略》，了解孙中山为振兴中华提出了怎样的建设计划，说说这个建设计划在当时为什么没能实现。

问题2：今天的中国为什么能够实现孙中山当年提出的建设蓝图？从道路、理论、制度、文化等不同角度，讨论取得"中国成就"的原因。

设计意图：总结旧民主主义革命为什么行不通？新民主主义革命胜利的原因？最后升华中国共产党成立的意义，体会英烈们艰苦卓绝的斗争精神，培养学生的爱国主义精神。

六、作业与反思

结合自身实际和参观感悟，从小我出发，谈谈在当下，我能为中华民族的伟大复兴做些什么？

国家利益至上：国家好，大家才会好

南洋初级中学　俞仕国

第一课时（校内）

一、教材分析

本框是第八课"国家利益至上"第一框，所依据的课程标准的相应部分是"我与国家和社会"中的"积极适应社会的发展""法律与秩序"。具体对应的内容标准是"感受个人成长与民族文化和国家命运之间的联系，提高构建社会主义和谐社会的责任仪式""懂得维护国家安全、荣誉和利益是每个公民的义务"。

二、教学目标

知识目标	了解国家利益的内涵和外延，知道国家核心利益的基本内容。 理解国家利益与人民利益的关系，懂得国家利益是人民利益的集中表现。
能力目标	正确认识国家利益与人民利益之间的关系，提高辩证思维能力。
情感态度与价值观目标	培养学生国兴我荣、国衰我耻的正确国家利益观。增强学生维护国家利益是每个公民的基本义务的意识，积极践行维护国家利益。

三、重点难点

教学重点：国家利益与人民利益的关系。

教学难点：国家利益的内涵与外延、国家利益与人民利益的关系。

四、学情分析

初中阶段是学生的世界观、人生观、价值观形成的关键时期。在这个阶段，帮助学生形成正确的国家利益观，引导他们正确处理好国家利益与个人利益之间的矛盾和冲突，对初中学生的健康成长具有重要意义。学生进入初中阶段后，认知能力和思维水平有了很大提高，能够开始用联系的、发展的、全面的观点分析国家和社会现象。但是，他们的思想还不成熟，社会经验比较欠缺，对国家利益的认识存在不少误区。例如，有人认为，国家利益是为实现个人利益服务的，国家利益是手段，个人利益才是目的。当国家利益与个人利益发生矛盾时，国家利益应该让位于个人利益。所以，第八课第一框"国家好，大家才会好"，其立意就在于帮助学生认识维护国家利益的重要性，正确认识国家利益与人民利益的关系，提高维护国家利益的意识，使自己的爱国情感更加理性、深沉。

五、教学过程

（一）导入新课

播放《八佰》的视频片段

提问：你如何理解影片中谢晋元将军说"仓库就是我们的根据地，也可能是我们的坟墓，只要我们还有一个人，就要同敌人拼到底！"？

教师总结："八一三"淞沪会战之后，为了掩护十万大军西撤，谢晋元部受命据守要点四行仓库，担任掩护。并被要求坚持一定时日，以争取即将召开的九国公约谴责日本侵略行径，同时期望引起国际舆论对中国抗战的关注、同情和声援。而此时的四行仓库西面和北面已被日军占领，东面和南面是公共租界，与未被占领的中国地界完全隔绝，成为一个"孤岛"。坚守四行仓库，意味着为了国家利益，就抱着必死的信念，视死如归，以生命报效国家。在沦陷的上海，在数万日本陆、海、空军围困中，升起上海市唯一一面国旗的，就是谢晋元和他率领的名震天下的"八百壮士"。2015年9月2日，习近平总书记在颁发"中国人民抗日战争胜利70周年纪念章"仪式上的讲话中称：八路军"狼牙山五壮士"、国民党军"八百壮士"等众多英雄群体，无论是正面战场还是敌后战场，无论是直接参战还是后方支援，所有投身中国人民抗日战争中的人们，都是抗战英雄，都是民族英雄。

这一节课，我们就来探讨一下关于"国家利益与人民利益"的话题。

（二）新课讲授

目标导学一：认识国家利益。

1. 爱国情感

活动一：邓小平的情怀

（展示邓小平图片）

我是中国人民的儿子，我深情地爱着我的祖国和人民。

——邓小平

（1）思考：邓小平这句话表达了什么情感？

教师讲述：邓小平这句话表达了浓浓的爱国之情。我们每个中国人都会怀有爱国情感。

（2）思考：为什么生活中绝大多数的人都会有这样的情感？

教师总结：祖国是我们成长的摇篮，她以广袤的土地和灿烂辉煌的思想文化，养育着一代又一代中华儿女。对伟大祖国，我们每个人都怀有最深厚、最纯洁、最高尚、最神圣的情感。这一片土地，养育了我们。

因为没有了国家，就没有了我们的幸福生活。可以说是国家利益与我们个人利益紧密联系在一起了。

拓展延伸：下面请同学们列举一些自己知道的表达爱国之情的诗词名言。

教师讲述：（展示材料）以国为国，以天下为天下（《管子》）；捐躯赴国难,视死忽如归(《白马篇》);先天下之忧而忧,后天下之乐而乐(《岳阳楼记》);夜阑卧听风吹雨,铁马冰河入梦来(《十一月四日风雨大作》);王师北定中原日,家祭无忘告乃翁(《示儿》);人生自古谁无死?留取丹心照汗青(《过零丁洋》);天下兴亡,匹夫有责(《日知录·正始》);僵卧孤村不自哀,尚思为国戍轮台(《十一月四日风雨大作》);遗民泪尽胡尘里,南望王师又一年(《秋夜将晓出篱门迎凉有感》);苟利国家生死以,岂因祸福避趋之(《赴戍登程口占示家人》);国难至此已到最后关头,国将不保,家亦焉能存在?(蔡炳炎《家书》)等。

2. 国家利益的内涵

活动二:"国"的意义

(展示教材第87页"探究与分享")

(1)思考:结合篆书"国"字和已有的生活经验,分析国家生存和发展需要具备哪些条件?

请同学们各抒己见,大胆发表自己的意见。

教师讲述:国字原作"或",字形像"戈"守卫"口"。后来在字的周围加方框表示疆域,于是就构成了"國"字。因此国家的生存和发展需要:人口、土地、战士(军事)、资源等。

(2)思考:请阅读教材第87页,分析一下什么是国家利益以及国家利益的重要性。

教师总结:国家利益是一个主权国家在国际社会中生存需求和发展需求的总和。

3. 国家利益的重要性

(展示材料)

39岁的Daad是从叙利亚来到黎巴嫩的,离开叙利亚以后她失去了家、失去了4岁的儿子、失去了工作以及几乎所有的财产。为了保护自身安全,Daad要求不要拍摄她的脸,并改变了名字。她只是叙利亚1100万无家可归者中的一员,Daad与5位家人目前住在Baalbek农场的一个帐篷里。

(3) 思考：这段材料给我们哪些感受？

教师总结：国家利益与人民利益密切相关。国家利益关系民族生存、国家兴亡。没有国土、人口、主权和政权等，国家就不能生存。

4. 国家利益的范围

（学生阅读和观察教材第88页内容）

(4) 思考：分析一下国家利益包括哪些方面。

教师总结：国家利益涉及政治、经济、文化、社会、军事等领域，包括安全利益、政治利益、经济利益、文化利益等。其中国家的核心利益包括国家主权、国家安全、领土完整、国家统一、宪法确立的国家政治制度和社会大局稳定、经济社会可持续发展的基本保障。

（展示材料）萨德在韩国部署。

(5) 思考：萨德的部署威胁了我们国家的哪些利益？

教师讲述：萨德对中国所造成的影响是无可估量的，别看这套小小的防御系统，它可以威胁中国的安全利益、领土完整、国家统一、宪法确立的国家政治制度和社会大局稳定、经济社会可持续发展的基本保障等。

（展示材料）在中国台湾召开的所谓"世界台湾人大会"上，极少数岛内外顽固的"台独"分子相互勾结，大肆散布"台独"言论，叫嚣建立"台湾国"。

(6) 思考：分析"台独"的言论，危害哪些方面的国家利益？

教师讲述：通过多方面的学习，我们知道，台湾是中国领土不可分割的一部分。"台独"的言论危害了国家的统一,危害国家的领土完整,破坏了社会的大局稳定。所以我们要坚决反对"台独"。

目标导学二:国家利益是人民利益的集中表现

5. 国家利益与人民利益的关系

活动三:新年说愿望

(学生阅读教材第89页的"探究与分享")

除夕之夜,中学生小京一家围坐在一起,畅谈新的一年的美好愿望。

(1)思考:在新的一年你的愿望是什么?

(2)请简单阐述一下个人愿望与国家利益之间有什么关系?

教师讲述:(愿望略。)每个人都渴望安居乐业、家庭和睦,都期盼社会稳定、国家富强。人们对美好生活的向往与企盼就是人民的切身利益,它离不开国家利益。

活动四:"两会"展利益

(展示材料)

2017年3月8日,王毅国务委员兼外长在"两会"记者会上的答记者问。

(1)思考:国家利益与人民利益有怎样的关系?

(2)"人民利益放在高于一切的位置上"与教材中"国家利益至上"矛盾吗?为什么?

教师讲述:(1)在我们国家,国家利益反映广大人民的共同需求,是人民利益的集中表现。国家利益至上,人民利益高于一切,二者相辅相成。(2)人民利益只有上升、集中到国家利益,运用国家的工具,才能得到真正的维护。(3)国家利益只有反映人民利益,依靠人民艰苦奋斗,才能得到真正的实现。(4)在当代中国,国家利益与人民利益是高度统一的。所以它们是不矛盾的。祖国是我们成长的摇篮,她以广袤的土地和灿烂辉煌的思想文化,养育着一代又一代中华儿女。国家独立自主、繁荣富强,国际地位不断提高,人民的生活就充满希望,内心就感到自豪和骄傲。

（三）课堂总结

今天我们认识了国家及国家利益的内涵，在日常生活中也要关注国家利益。同时也知道了国家利益与人民利益的密切联系。我们要维护国家利益，把国家利益、民族利益、人民利益紧密联系在一起。

板书设计

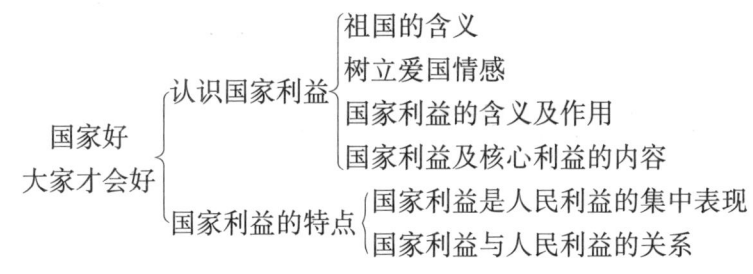

国家好
大家才会好
- 认识国家利益
  - 祖国的含义
  - 树立爱国情感
  - 国家利益的含义及作用
  - 国家利益及核心利益的内容
- 国家利益的特点
  - 国家利益是人民利益的集中表现
  - 国家利益与人民利益的关系

第二课时（校外）

一、教材分析

"龙华千古仰高风，壮士身亡志未穷。墙外桃花墙里血，一般鲜艳一般红。"龙华烈士陵园作为全国重点文物保护单位和重点烈士纪念建筑物保护单位，集中展现了256位英雄人物的生平事迹，其中二楼大厅的第一个场馆是"信仰的召唤"展区，该展区分为辛亥风云、中共一大、中国社会主义青年团、中国劳动组合书记部和中共二大五个单元。主要人物有：李汉俊、俞秀松、李启汉、蔡和森等。其展示的历史背景为1840年鸦片战争以来，中华民族面临内忧外患，中国的仁人志士一直在寻找救国之路。从太平天国、戊戌变法到辛亥革命，都以失败告终。1919年，中国爆发了五四运动。参加五四运动的知识分子高举民主与科学的大旗，开始用马克思主义来思考国家的命运。

二、学情分析

学生在第一课时知晓了国家利益的内涵和外延,国家核心利益的基本内容,也懂得了国家利益是人民利益的集中表现。能正确认识国家利益与人民利益的关系,树立正确的国家利益观,增强维护国家利益的责任感和使命感。但是如何理解"国家利益与个人利益发生矛盾时,个人利益要服从国家利益,坚持国家利益至上"?通过进入博物馆参观,亲眼目睹革命先烈们为了国家利益视死如归等爱国主义精神的图片、实物文物等,通过祭扫革命先烈,身临其境,增强维护国家利益的责任感和使命感。

三、教学目标

(一)通过参观龙华烈士陵园、走入纪念馆参观;祭扫校友严庚初烈士,了解四行仓库保卫战以及严庚初烈士的事迹;体会革命先烈在面对国家利益和个人利益选择时对祖国的深厚情感,不允许她的荣誉和利益受到任何亵渎和损害的强烈爱国主义精神。

(二)通过小组分享和考察实践活动,引导学生主动参与实践活动,学会收集、处理信息方法;学会合作学习,以体验、感悟促进学生综合能力的提高。

(三)结合爱国主义教育活动,在学生参与实践、体验感受的过程中,引导学生思索个人利益与国家利益之间的联系,通过祭扫和重温誓言等活动,促进学生的知行统一,在实践教育过程中自觉接受爱国主义教育,帮助学生逐步树立维护国家利益的责任感和使命感。

四、教学过程

环节一:

参观龙华烈士陵园纪念馆,分小组进行讲解,体会国家利益的内涵,分享每个英烈在面对国家利益和个人利益抉择时如何舍小家为大家、为国捐躯的英勇事迹。(例如四行仓库保卫战等)

教师：同学们，这位就是谢晋元将军，他在四行仓库保卫战中面对数万日本侵略者，在决战前强调"仓库就是我们的根据地，也可能是我们的坟墓，只要我们还有一个人，就要同敌人拼到底！"今天让我们来重温四行仓库保卫战。我们有请A小组来讲述一下"四行仓库保卫战"。

A小组：日本侵略者在1937年8月13日发动了"八一三事变"，淞沪会战由此拉开序幕。鉴于淞沪会战的形势渐渐不利于中国，蒋介石决定将主力部队逐步撤出的同时，留下一支部队继续留在闸北抗战，向居住在苏州河对岸的租界洋人特别是美国人证明，上海仍在中国人手中，以便在谈判桌上增加砝码。

当时守卫四行仓库的就是谢晋元。谢晋元，广东蕉岭人，黄埔四期毕业。接到命令时，他明知有可能与他的部下全部牺牲，却说"大敌当前，男儿自应以死报国"。这支部队对外声称八百人，即"八百壮士"，但实际上只有一半人，也就是四百人。而他们的对手，是以后制造了南京大屠杀的松井石根亲自指挥的日本王牌第三师团。

硝烟中的悲壮

从 10 月 27 日起,在短短的几天时间内,日军接连向四行仓库发动七次进攻,但均无功而返。就在谢晋元和日军鏖战时,苏州河对岸的公共租界内,无数双眼睛也在关注着这场战争。他们看到,一个中国士兵浑身裹满手榴弹,突然从仓库顶上一跃而下,跳入日军之中,轰然一声,与敌人同归于尽。

目睹这场战役的,不仅有外国人,还有许多来公共租界避难的中国老百姓,看到中国士兵的英勇壮举,大家不由得热泪盈眶。

10 月 28 日夜,一名叫杨慧敏的女童子军,冒险进入了四行仓库,把一面浸透着汗水的中华民国国旗送到了谢晋元面前。谢晋元的眼眶湿润了,守护国家尊严、维护民族独立,是支撑他和战士们战斗的动力。

四行仓库没有旗杆,谢晋元让人找来了两根竹竿。没有华丽的奏乐,没有隆重的仪式,只有日军的嚎叫,还有不时射来的冷枪。此时东方已现鱼肚白,在曙光微茫中,谢晋元和"八百壮士"庄重地举起了手,向国旗敬礼。

在连续几天的仓库争夺战中,日军可谓吃尽了苦头。光仓库周围被打死的日军就有两百多,而"八百壮士"只有三十多人伤亡。10 月 30 日,谢晋元接上级军令撤退。10 月 31 日零时,"八百壮士"全部撤出四行仓库。以上就是四行仓库保卫战的简要过程。

教师:感谢 A 小组同学的分享。哪位同学来说说,为什么谢晋元和他的八百壮士能面对数万的日本侵略者,即使身处孤岛,也坚决不撤退?

生:因为当时整个上海几乎都沦陷了,为了主力部队撤退,谢晋元和八百壮士必须坚守阵地。为了国家利益和民族存亡,他们视死如归,前赴后继,为国捐躯,才创造面对数万日本侵略者坚守阵地 4 个昼夜的奇迹,他们以实际行动践行了"国家兴亡,匹夫有责"这句话。

教师小结:祖国是我们每一个人成长的摇篮,对于国家,我们每一个人都怀有最深厚、最纯洁、最高尚、最神圣的情感,绝不允许她的荣誉和利益受到任何亵渎和损害。国家利益关系着民族生存和国家兴亡。如果国家利益得不到保障,人民利益就会受到损害,人民就会遭受奴役、欺凌和屈辱。所以,面对国家利益受到侵犯,我们每一个人都应该坚持国家利益至上,为了国家利益,有时不仅需要放弃个人利益,甚至还要献出自己的生命。四行仓库八百壮士就是用自己的实际行动践行了这一点。

环节二:

祭扫校友严庚初烈士墓,分小组在烈士墓前宣讲《南洋魂》部分烈士事迹,举行新团员入团宣誓仪式,并请代表分享感言。

南洋初级中学新团员入团仪式主持词

敬爱的老师、亲爱的同学们:

大家好!

1949年5月7日,南洋中学第四十届校友严庚初被国民党特务秘密杀害于黄浦江畔,年仅25岁。首先有请B小组和大家分享严庚初烈士的事迹。

B小组：用鲜血和报格浇铸青春的烈士——缅怀南洋中学校友烈士严庚初

严庚初，南洋中学第四十届校友。1938年考入南洋中学，因家境贫寒而破格免除学费。1943年曾赴解放区，回沪后进入新华新闻专科学校读书，1945年加入中国共产党，先后参加了《进步刊物》《学生新闻》《青年知识》的发行工作。1947年起从事由上海市学生联合会出版的会刊《学生报》工作。作为负责人，他亲自刻写、油印报纸，并把印好的报纸送至各个学校。"人有人格，报有报格，国有国格"，他清晰地知晓《学生报》在宣传全国解放形势，揭露尊严国民党黑暗统治，指导学生运动方面的作用，对人身自由、言论自由、国家尊严独立，他有着执着的信念。他铤而走险，不懈奔波，为共产党事业而燃烧着自己的青春。面对敌人的严刑拷打他守口如瓶，坚决反抗，国民党千方百计地想破坏《学生报》都未能得逞。在严庚初的领导下，共产党事业仍如火如荼地进行，革命的火焰因他所坚守的报格而明亮耀眼。

1948年10月，严庚初不幸被捕。1949年5月7日，被国民党特务秘密杀害于黄浦江畔——浦东杨家渡的戚家庙，年仅25岁。25岁是多么美好的韶华啊！虽然反动派摧毁了严烈士的躯体，但却磨灭不了这位青年炽热的灵魂和他所传播的正义的思想武器。（节选自《南洋魂》）

感谢B小组给大家的分享。"墙外桃花墙里血，一般鲜艳一般红。"曾经的年轻学子，风华正茂，怀揣着家国情怀，坚守着人生信条，于革命的烽火中，负重前行。今日的时光里，南洋学子求实好学，奋进前行，努力学习烈士英雄事迹，勇于挺起国家民族脊梁。

今天，我们来到龙华烈士陵园举行祭扫严庚初烈士墓暨南洋初级中学新团员入团宣誓仪式。

首先，我代表学校团总支向新团员表示热烈的祝贺和诚挚的欢迎，祝贺你们从此成为一名光荣的中国共产主义青年团团员，你们的加入使我校团组织壮大了力量,为我们团组织输入了新鲜血液,注入了新的活力。并对各位领导在百忙之中的光临表示忠心的感谢!南洋初级中学新团员入团宣誓仪式现在开始。

第一项议程:请各位老师、同学,面向严庚初烈士墓,默哀一分钟(等待一分钟)。默哀毕。向烈士墓三鞠躬。一鞠躬,二鞠躬,三鞠躬。

第二项议程:下面请团总支书记宣读新团员名单。

第三项议程:恭喜各位新团员。团徽,是一个代表共青团的徽章,它不是一个普通的装饰品,也不是一般的纪念章,而是共青团员肩负重任的标志。共青团给团员颁发团徽,是对每位团员的信任,也给团员提出了要求,我们相信并要求每个团员,努力学习,积极向上,充分发挥团员模范带头作用。下面有请老团员给新团员佩戴团徽。

第四项议程:下面有请 * 老师带领新团员在团旗下宣誓,老团员重温誓词。

第五项议程:新团员代表发言。

带着老师的祝福,带着长辈们的叮咛,带着党的希望,我们意气奋发,心红志坚,吐露心声。下面欢迎新团员代表发表入团感想。

第六项议程:党支部书记讲话。

团是党领导下的先进青年组织,团的发展、壮大,离不开党的帮助,我们的成长离不开老师的教诲。下面,让我们用掌声欢迎南洋初级中学党支部书记讲话。

第七项议程:入团仪式结束。

感谢书记的讲话。新老团员朋友们,作为南洋学子,我们应致敬英雄,传承烈士精神,扛起新时代青年的责任与担当,恪守"俭朴、好学、自主、求实"的校训,为实现中华民族的伟大复兴、建设我们伟大的祖国做出自己的贡献。让我们脚踏实地,携手共进,在实现"中国梦"的伟大实践中书写别样精彩的人生。南洋初级中学新团员入团宣誓仪式到此结束 。团旗退场。新老团员退场。

环节三：

作业布置：

通过今天的参观活动，请大家回家完成一份小报作为回家作业。主题为："祖国在我心中。"要求：版面为 A4 大小，形式不限。

教师总结：今天我们参观了龙华烈士陵园纪念馆，祭扫了校友严庚初烈士墓，并举行了新团员入团仪式。让我们恭喜新入团的同学们，也希望这些同学能传承烈士的精神，牢记南洋中学"知行并进，为己积福，为家增光，为国桢干，为天下肇和平"的育人思想，始终把国家利益放在第一位。从身边的小事做起，以实际行动践行国家利益至上的观念，坚决维护国家利益。

夺取抗日战争和人民解放战争的胜利

日晖新村小学　项毓炜

一、教材分析

《夺取抗日战争和人民解放战争的胜利》是统编教材《道德与法治》五年级上册第三单元"百年追梦，复兴中华"中的第4课。本单元呈现了近代以来中国人民为实现民族复兴走过的历史进程，以重大历史事件、重要历史人物为主线，进行国情教育、革命传统教育和爱国主义教育。本课通过引导学生了解抗日战争和人民解放战争的基本史实，认识和感悟先辈们奋勇抗战的艰难历程，树立奋发图强的爱国志向。

本课依据《义务教育品德与社会课程标准（2011版）》中主题五"我们的国家"第10条"知道近代我国遭受过列强的侵略以及中华民族的抗争史，敬仰民族英雄和革命先辈，树立奋发图强的爱国志向"编写。

教材分为4个板块，"勿忘国耻"介绍了抗日战争中日本侵略者的暴行，意在使学生感悟国家国土沦丧、人民生灵涂炭的悲痛；"众志成城"引导学生理解全民族抗战的含义，学习中华民族众志成城抗战的精神；"中流砥柱"帮助学生了解中国共产党在抗日战争中的重要贡献，理解中国共产党在抗日战争中发挥的中流砥柱作用，以及抗日战争胜利的重大意义；"走向胜利"旨在帮助学生了解解放战争时期的历史，知道没有共产党就没有新中国，缅怀英烈，立志传承，树立建设国家的志向。

"龙华千古仰高风，壮士身亡志未穷。墙外桃花墙里血，一般鲜艳一般红。"龙华烈士陵园作为全国重点文物保护单位和重点烈士纪念建筑物保护单位，集中展现了256位英雄人物的生平事迹。其中第五部分"胜利的奋争"主要展示了反对内战争取和平,里应外合迎接解放和电台三烈士、警委四烈士、解放上海牺牲的烈士的事迹。可供学生了解解放战争中英烈们的英雄事迹,感受中华民族在抗争与探索中锤炼而成的革命精神和光荣传统。本设计是围绕"走向胜利"这个板块和龙华烈士陵园的资源进行的。

二、学情分析

(一)长在和平年代的学生对解放战争的历史有一些简单的了解,但大部分同学认识模糊且存在误区。难以体会今天和平生活的来之不易,不易萌发对于革命精神的传承意愿。

(二)部分学生不清楚中国共产党在解放战争期间在人民心中的地位,需要从相关史料中提取信息,了解中国共产党的历史和光荣传统,培养对中国共产党的热爱。

(三)大部分学生参加纪念先烈的活动有限,对人民解放过程中形成的抗战精神、延安精神和沂蒙精神等缺乏认识。

(四)学生对这段历史有所了解但还缺少直观的感知和理解,需要带学生进入博物馆,走近、触摸到这段历史,引导学生缅怀先烈、铭记历史,学习先辈们的革命精神和光荣传统。

三、教学目标

(一)能够从歌曲、史料、纪念碑、纪念馆中发现历史信息,了解人民解放战争的基本史实,感悟中华民族奋勇抗争的精神和革命精神。

(二)能用恰当的形式缅怀英烈,树立奋发图强、建设国家的志向。

第一课时(校内)

一、教学目标

(一)阅读资料,了解西柏坡在最后的大决战和新中国成立前后的显赫的历史功勋,感受沂蒙精神。

(二)观看多媒体资料,了解中国共产党取得人民解放战争的胜利得益于中国共产党在西柏坡的正确指挥,感受革命的胜利离不开人民群众的支持,以及中国共产党在解放战争中展现出的优良传统和作风。

(三)阅读资料,知道设立人民英雄纪念碑的意义,感受人民英雄英勇奋战的精神,缅怀先烈,立志传承。

二、教学重点

了解中国共产党取得人民解放战争的胜利得益于中国共产党在西柏坡的正确指挥,感受革命的胜利离不开人民群众的支持,以及中国共产党在解放战争中展现出的优良传统和作风。

三、教学难点

知道设立人民英雄纪念碑的意义,感受人民英雄英勇奋战的精神,缅怀先烈,立志传承。

四、教学过程

活动一:了解解放战争历史,探索人民解放军胜利的原因

(一)简述解放战争历史,介绍兵力、战备对比,引导质疑。

导入:抗日战争结束后,饱受战争苦难的广大人民渴望和平,中国共产党力主和平建国。但是,国民党于1946年6月悍然向中国共产党领导的解放区发动进攻,挑起全面内战。当时,国民党拥有400多万全副美式装备的军队,而人民解放军只有100多万,装备是小米加步枪。但中国共产党领导的中国人民解放军,在人民的支持下,经过3年的英勇奋战,基本上消灭了国民党的主力部队,迎来了最终的胜利。(播放数字故事)

板书:走向胜利

提问:在刚才的数字故事中出现了一组数据,对此,你有什么疑

问吗?

出示:国民党　　　400多万　全副美式装备的军队

人民解放军　100多万　装备是小米加步枪

预设:数量、装备均不占优势的人民解放军为什么会取得最终的胜利?

(二)说到解放战争的胜利,就不得不提到中国共产党在西柏坡的故事。出示西柏坡图片,你知道西柏坡的故事吗?读一读课本上的资料,谁来说一说。

(指名交流)

预设:中共中央在这里指挥了辽沈、淮海、平津三大战役,还召开了七届二中全会,为最后的大决战和新中国的成立奠定了坚实的基础。

出示时间轴:1948年9月12日至1948年11月2日　辽沈战役

1948年11月6日至1949年1月10日　淮海战役

1948年11月29日至1949年1月31日　平津战役

小结:在革命形势发展的历史转折关头,为了适应革命形势发展,确立新的战略任务和战略方针。1948年9月8日至13日,中共中央在西柏坡召开了政治局扩大会议,史称"9月会议",会上毛泽东做了主题报告和结论,会议全面总结、检查了过去的工作,确定了全党的战略目标。在这之后进行了三大战役。辽沈战役结束后,中国人民解放军首次在兵力数量方面超越国民党军队。淮海战役是解放军牺牲最重、歼敌数量最多、政治影响最大、战争样式最复杂的战役。平津战役解放了北平、天津在内的华北大片地区,是中国人民解放战争最具决定意义的战役之一。所以说胜利离不开中国共产党在西柏坡的正确指挥。

板书:中国共产党在西柏坡的正确指挥

(三)播放歌曲《沂蒙颂》,体会当时百姓对解放军的支持与爱戴。

提问:请大家仔细听,说说听到哪些歌词?

(指名交流)

过渡：歌词唱出了民心，胜利离不开全国人民的支持。为什么人民会支持中国共产党呢？请同学们继续阅读书上相关链接的资料。

交流：中国共产党能取得胜利，与老百姓的支持有关。在战争年代人民奉献了一切，把能拿出来的东西都给了解放军，鼓舞了解放军的士气，使他们取得了最后的胜利。

板书：中国共产党得到老百姓的大力支持

（四）阅读书上毛泽东在七届二中全会上的讲话。

师：这就是始终把人民放在重要的位置，就像同学们说的那样，因为共产党实行土地改革，人民军队爱人民，始终把人民放在最重要的位置。因此得到人民的支持，更因为在解放战争时期，面对缺衣少食、缺枪少炮等种种困难的考验，人民军队没有被吓倒，而是在党的领导下以革命乐观主义克服重重难关，为赢得解放战争的胜利提供了保证。所以说胜利离不开中国共产党的优良传统和作风。

板书：中国共产党的优良传统和作风

小结：正是因为中国共产党在西柏坡的正确指挥、全国人民的大力支持，以及中国共产党的优良传统和作风，最终让中国共产党取得了这场战争的胜利。

设计说明：结合课本和多媒体资料，让学生了解中国共产党取得人民解放战争的胜利得益于中国共产党在西柏坡的正确指挥，感受革命的胜利离不开人民群众的支持，以及中国共产党在解放战争中展现出的优良传统和作风。体会中国共产党中流砥柱的作用。

活动二：了解人民英雄纪念碑，体会碑文的含义

（一）过渡：回望百年历史，我们的国家蒙受了空前的耻辱和欺凌，中国人民生活在水深火热之中。中国共产党带领中国人民前赴后继、英勇奋斗，取得了反帝反封建的新民主主义革命的胜利，迎来了民族独立和人民解放。

播放歌曲《没有共产党就没有新中国》，感受广大人民群众对中国共产党的衷心拥护和跟党走的坚定信念。

（二）1949年9月30日，中华人民共和国举行开国大典前夕，全

国上下都为即将诞生的共和国而欢欣鼓舞。这一天,中国人民政治协商会议第一届全体会议通过了在首都建立人民英雄纪念碑的决议。书上向我们呈现了人民英雄纪念碑上的碑文,让我们仔细读一读人民英雄纪念碑上的文字。交流看到的内容。

预设一:碑文上写到了三个时间:"三年""三十年""一千八百四十年"。

三年:1946—1949年人民解放战争

三十年:1919—1949年新民主主义革命时期(反帝、反封建、反资本主义革命)

一千八百四十年:1840—1949年民主革命时期(鸦片战争,中国受侵略开始)

预设二:碑文上出现三次"人民英雄永垂不朽"。

小结:让人们永远缅怀革命先烈,并传承革命精神。今天我们要铭记历史,是要以史为鉴,过往的血泪就是我们前行的动力。为了不再受压迫,不再受侵略,我们就要努力强大起来,才能够更好地保护自己。

(三)如今在北京天安门广场矗立着这座高大雄伟的人民英雄纪念碑,它每天都在默默地接受人民的瞻仰,你们去过北京瞻仰过这座人民英雄纪念碑吗?说说你的感受。

(指名回答)

(四)现在的我们虽然生活在和平年代,但是通过历史,我们看见伟大的革命先烈用自己的热血为我们铺就了今天的新生活,我们要珍惜得之不易的和平生活。作为新时代的学生,我们更应该把握当下,用知识武装头脑,投入崭新的中华民族的伟大复兴中去。跟着老师一起来朗诵一下这篇碑文。

齐诵人民英雄纪念碑碑文。

(五)百年屈辱,百年抗争,我们要永远铭记历史,要永远记住这些英雄。我们可以用怎样的方式来纪念这些英雄呢?

预设:献花、珍惜现在美好的生活,立志建设祖国。

板书：立志传承

（六）这些英雄，他们靠着一种信仰，为着一种理想，他们身上的民族精神代代相传。请同学们下课后完成作业单。下节课，我们就一起走进龙华烈士陵园，走近人民英雄，去探寻发生在上海的英烈故事。

设计说明：通过解读人民英雄纪念碑碑文，让学生感受长久以来人民英雄英勇奋战的精神，以此缅怀先烈，立下传承之志。

板书：

　　夺取抗日战争和解放战争的胜利
　　　　　　走向胜利
　　中国共产党在西柏坡的正确指挥
　　中国共产党得到老百姓的大力支持
　　中国共产党的优良传统和作风
　　　　　　立志传承

附：

作业单

1. 百年屈辱，百年抗争，我们要永远铭记这段历史，要永远记住这些人民英雄，他们靠着一种信仰，为着一种理想，他们身上的民族精神代代相传。请你去了解一位人民英雄的故事，并记录下你的感受。

_____

_____

_____

2. 上海也发生过解放战争，下节课，我们要一起走进龙华烈士陵园，走近人民英雄，去探寻发生在上海的解放故事。在此之前，你想从哪方面来了解解放上海战役呢？去查找相关资料吧。

第二课时(校外)

一、教学目标

（一）祭扫无名烈士墓，缅怀先烈，感受龙华烈士陵园庄严肃穆的氛围；

（二）参观解放战争展区，了解解放军在上海的抗战故事；

（三）观看场馆视频，理解"7613"不仅仅是一串简单的数字，而是代表着 7 613 名英烈为解放上海而献出了生命，缅怀革命先烈，树立传承革命精神的志向。

二、教学重点

了解解放军在上海的抗战故事。

三、教学难点

理解"7613"不仅仅是一串简单的数字，而是代表着 7 613 名英烈为解放上海而献出了生命，缅怀革命先烈，树立传承革命精神的志向。

四、教学过程(校外)

活动一：为无名烈士献花，致敬英雄

（一）复习导入

上节课我们学习了沂蒙精神和中国共产党在西柏坡的故事，解读了人民英雄纪念碑的碑文，知道了全国人民是在中国共产党的领导下打赢了解放战争,建立了新中国。上海作为新中国的一部分,也同样经历过解放战争,今天我们来到龙华烈士陵园,和老师一起去了解发生在上海的解放战役。

(二)师:同学们,在我们眼前有一座气势恢宏、令人震撼的雕塑,它的名字叫做《无名烈士》。今年是建党100周年,这百年里正是因为有党的领导,才有了我们今天美好的生活。而这份美好是由无数无名英雄用生命为我们换来的。为了纪念这些无名烈士,雕塑家潘鹤设计了一座雕塑,就是我们面前的《无名烈士》。(图1)

图1 无名烈士墓

1. 请同学们仔细观察这座雕塑,试着用语言形容这座雕塑。(指名回答)

预设:雕像是一个巨大有力的人物身躯,半藏于地下,半出于土面,其背脊发达有力,左臂奋然力举,犹如擎天柱一般。

2. 感受了雕塑壮观的外形,你觉得它蕴含着怎样的含义呢?

老师引导学生解读雕塑含义:

它象征着无名烈士虽已为民族壮烈牺牲,但其英魂归于祖国大地,其崇高精神激励后人为中华复兴而不息奋斗。

(三)相信同学们从一踏进龙华烈士陵园的大门,就感受到了庄严肃穆的氛围。那在理解了这座《无名烈士》雕塑的含义后,你有什么想说的吗?

(指名交流)

小结:百年征途,忠魂永驻。作为小学生,我们应该学会铭记历史,以此缅怀先烈,传承他们的革命精神。接下来,就让我们一起走进场馆,去看看发生在上海的英雄故事。

设计说明:通过让学生解读《无名烈士》雕塑的含义、向英烈们献花,来感受无名烈士墓前庄严肃穆的氛围,引发学生探寻历史的兴趣,体会英烈们的革命精神。

活动二:走进历史,了解解放上海的战役

(一)请同学们在划定区域内,以小组为单位自行参观,完成学习单,记录下让你印象最深刻的内容,待会与同学交流。

以小组形式自主参观讨论,教师相机指导。

(二)小组派代表交流反馈。

区域一:

1. 解读资料:图2和图3两个场景发生在同一个时间。图1是市区内居民们日常生活的写照。同学们通过观察应该能发现人们都过着正常的生活。但是,当时却正在进行着上海的解放战役。图3就是当时的解放军在居民楼外休息。

2. 提问:市区外正战斗激烈,但市区内人们的生活却丝毫不受影响。观察下图3,从中你感受到了什么?(补充知识:市区内作战不使用重武器。)

(指名交流)

3. 小结:当时,中国共产党领导下的解放军有着严明的军纪,不拿百姓一针一线,就连睡觉休息也宁愿在街上打地铺,可见解放军的优良传统和作风。

图 2

图 3

夺取抗日战争和人民解放战争的胜利

区域二：

图4

1. 这面墙上的图片都是在解放上海的战役中牺牲的解放军战士，同学们都已经读了他们的故事，请你说说谁给你留下了深刻的印象？
（指名交流）

2. 教师补充胡文杰团长的故事：

在解放上海的战斗中，胡文杰团在夺取狮子林战斗告捷后，向月浦进逼。月浦是吴淞、宝山的西北门户，国民党军队密集了5万多兵力，筑有数以百计的碉堡群，外围加建3至7道防御工事，与吴淞、杨行构成从线到面的防御体系，并日夜出动飞机轰炸，江上战舰及公路沿线的排炮彻夜发炮轰击解放军阵地。5月15日拂晓，胡文杰布置作战任务后，率领两个营，与友邻部队一起迅速冲进了月浦镇，经过激烈的巷战，将敌军驱逐出镇。不久，敌军出动了飞机、坦克和军舰，集中炮火对月浦阵地进行毁灭性的轰击，在坦克掩护下，整排整连敌军冲击过来。胡文杰率部顽强阻击反扑上来的敌军，展开了激烈的拉锯战和肉搏，给敌军以致命的打击。这时，团指挥所中敌军炮弹，胡文杰胸部不幸被弹片击中，流血不止，壮烈牺牲。他当时年仅33岁，是上海战役牺牲的7 613名指战员中职位最高的烈士。

3. 小结，过渡：同学们，我们看到的仅仅只是8名烈士，像他们这样为解放上海而英勇献身的英雄有7 613名。他们当中的许多人我们已经无法考证他们的姓名，我们只有铭记7 613这样一个象征去缅怀他们。

设计说明：通过观察图片、资料，引导学生感受解放上海期间，人民解放军展现出来的优良作风，以及英勇牺牲的精神。

活动三：观看视频，感受先烈们不惜生命的革命精神

（一）观看场馆视频（图5），说说"7613"的意义。

图5

观看视频，指名交流7613的含义。

小结：在解放上海的战役中，有7 613名解放军指战员献出了生命。"7613"不是一串简单的数字，它代表的是7 613名英烈。我们生活在上海这片土地上，应该永远铭记有这样7 613个生命为守护我们而牺牲。

（二）英雄已逝，但精神永存，就像《无名烈士》雕塑所想表达的一样。同学们，在这建党100周年具有非凡意义的特殊时刻，你想对逝去的英烈们说些什么呢？

（指名回答）

总结：今天的幸福生活来之不易，希望同学们能铭记历史，珍惜现在来之不易的幸福生活，向英烈们学习，把这份革命精神传承下去，长大后为祖国的建设做出贡献。党的第一个百年辉煌是无数英雄们铸造的，下一个百年就看你们了！

设计说明：通过观看视频了解英烈们的事迹，引导学生体会他们英勇牺牲的精神，进一步感受"7613"的意义之重，并树立传承革命精神的志向。

附：

学习单

参观龙华烈士陵园下列区域，完成学习单：

区域一：

图1

图 2

图 1 和图 2 两个场景发生在同一个时间。图 1 是市区内居民们日常生活的写照。图 2 是市区外的画面。对比两张图片，从中你发现了什么？小组交流。

_____

_____

_____

区域二：

在解放上海的战役中，有许许多多的英烈把热血洒在了我们脚下的土地上，请同学们在场馆里了解他们的故事，完成下列表格，并说说谁给你留下了最深的印象。

姓名	
生卒年月	
职务	
简述留下印象的原因	

烈士陵园瞻仰红色雕塑
综合材料描绘时代映象

南洋中学　谢怡青

一、教材分析

本课教学内容选自上海市高中《艺术》教材高中一年级第一学期第六单元《石刻铜铸 造型立意》，以及高二年级第二学期第三单元《天上人间演〈神话〉　寰宇共寻太空梦》。在现有教材内容基础上，根据深化课程改革的相关要求，围绕"双新"课程的开展，补充利用龙华烈士陵园的美术资源。结合单元主题，通过与主题相关的其他艺术作品的补充，从题材、文化等不同角度整合教学资源，立足红色主题构建本课。本课开展赏析、体验、表现等一系列教学活动，挖掘具有爱国主义情怀的雕塑作品，探索红色艺术的魅力，结合校史校情，开展具有综合实践特征的艺术教学。在教学材料和教学地点的组织过程中密切关注学科德育的有效渗透，为艺术课程的深入实施提供支持。

二、学情分析

本课针对的班级是本校拓展研究型课程《综合材料绘画》课程中高一、高二的学生。高一、高二的学生对艺术品的常见体裁、种类或表现形式，以及以生活为题材的艺术作品并不陌生，但对艺术作品的文化认同、情感表达，以及艺术作品与红色文化的融合缺乏深度的理解和挖掘。经过初中的艺术课学习与学生平时对绘画的兴趣爱好投入，他们已经具备了一定的艺术实践能力，也已经尝试过《综合材料绘画》课的合作模式，因此为本课的学习活动和实践活动提供了较好的保证。但对于如何欣赏、理解作品背后的文化内涵，以及用艺术的语言解读艺术作品，需有所加强。因此学生通过雕塑与红色文化结合的艺术作品，提高文化自信与对红色文化的理解，激发起创作的情感，知行并进。

三、教学策略与方法

在教法上，本课首先以任务为驱动，将爱国主义教育以"润物细无声"的方式融合在任务的设计中。以搭建学习支架的方式让学生逐步达成教学目标。其次，围绕"情境带入，情感体验"的方式，使学生沉浸在龙华烈士陵园肃穆的氛围中，体验革命烈士英勇牺牲的真实情景，以雕塑形象为主体，激发创作的情绪色彩。再次，本课第二课时引导学生深入挖掘校史校情，以"南洋十烈士"创设情境，深度激发学生革命情怀，在任务驱动中完成创作实践。本课以"五育并举，全面发展"的教育思想，以红色雕塑欣赏为载体，在学科核心素养的基础上，通过图像识读，让学生带着文化认同去感知、判断、表达、表现爱国主义情怀。

第一课时

一、教学目标

（一）学生能从生活中发现红色雕塑，感悟革命历史的伟大意义并继承革命前辈的伟大精神，珍惜和平。

（二）学生能从艺术表现方面，分析、认识红色雕塑的主题内容、思想内涵和艺术感染力；提升中华民族文化自觉和自信。

（三）学生能以综合材料绘画为艺术形式进行创作，感知材料在形象塑造、情感表达中的作用，同时感受不同艺术形式对对象的塑造。

二、教学重难点

（一）教学重点：用"负型造型"解析《且为忠魂舞》，体会其中心思想；用综合材料绘画的形式表达革命情怀。

(二)教学难点:用"意象空间形式"解析《且为忠魂舞》。

三、教具与学具准备
(一)教具:导学案。
(二)学具:8K 画布、炭笔、综合材料(黄沙、烧焦的瓦楞纸、皮革)、胶水、水粉工具。

四、教学过程

学习内容	教师活动	学生活动	设计意图
课前活动	1. 引导学生在陵园的雕塑、碑文中感知上海革命历史。 2. 讲述龙华作为刑场的一段历史。	游览《解放上海》《独立·民主》《解放·建设》和《丹心碧血为人民》碑文,了解上海解放的过程,体会红色雕塑的特点。	引导学生沉浸在陵园肃穆的氛围中,感知革命志士前仆后继的英勇与中国革命艰难曲折的道路。为学生创设具有革命情怀的情境。
探究《且为忠魂舞》的创作背景。	1. 指引学生在雕塑石碑前解读毛泽东的词《蝶恋花·答李淑一》。 2. 介绍雕塑作者的创作思路。	利用古诗文赏析的基础,解读词的含义,揭开雕塑背后的故事。	了解红色雕塑《且为忠魂舞》的创作背景。
用雕塑的语言之一——"负型造型"解析《且为忠魂舞》。	1. 介绍雕塑语言——"负型造型"。 2. 组织学生利用《蝶恋花·答李淑一》和电脑修图后没有负型造型的《且为忠魂舞》来比较讨论负型造型在该雕塑中的重要性。	1. 找出《且为忠魂舞》中的实体形象和负型造型。 2. 小组讨论《且为忠魂舞》中的负型造型对表达中心思想的作用。 3. 集体朗诵《蝶恋花·答李淑一》,抒发中心思想带来的情感。	深入教学重点的学习:体会红色雕塑《且为忠魂舞》的中心思想——烈士的肉体虽逝,但精神永生。

续 表

学习内容	教师活动	学生活动	设计意图
用雕塑的语言之二——"意象空间形式"解析《且为忠魂舞》。	1. 介绍"意象空间形式"的含义。 2. 鼓励学生模仿一个《且为忠魂舞》中的角色的动作,感受动作的张力。	1. 通过模仿人物动作,感受手、脚和眼神的指向性为雕塑争取到的意象空间。 2. 思考意象空间形式在《且为忠魂舞》中的作用。	巩固教学难点:尝试用雕塑的语言——"意象空间形式"解析《且为忠魂舞》,从而唤起自我类同感,感受到烈士的伟大、人的价值,从而产生豪迈的积极观赏感。
课堂实践:红色综合材料绘画创作。	1. 展示材料,引导学生思考材料的特性。 2. 展示范画,布置作业内容和作业要求。 3. 师评。	1. 两两合作,以综合材料绘画的语言完成作品。 2. 自评。 3. 互评。	推进教学重点:在理解综合材料绘画语言的基础上,选择合适的材料如铁、树皮、布、塑性膏等,对《且为忠魂舞》进行重新演绎,升华艺术情感。
课堂小结	教师语言小结。		
课后拓展	布置课后探究主题:表现红色文化的艺术形式还有很多,请同学们进入纪念馆,找寻其他表现红色文化的艺术形式。	在纪念馆中观看表现红色文化的丝毯画、油画、螺钿画、版画、多媒体情境雕塑等艺术形式。	能结合红色文化,在龙华烈士陵园纪念馆中找到不同形式的红色艺术作品,体会艺术的丰富表达能力,知行并进,厚植爱国主义情怀。

附 教学详案:

一、课前活动

1. 带着问题游览烈士陵园的四座雕塑(图1-4)。

图1 《独立·民主》

图2 《解放·建设》

图3 《少年英雄》

图4 《解放上海》

师：同学们，今天我们来到龙华烈士陵园，上一节特别的艺术课。上课之前，老师布置给大家一个课前活动：

请大家拿出导学单，用十分钟的时间根据路线探索陵园雕塑，并找出这些雕塑有什么共同点，课上交流。老师将在"丹心碧血为人民"石碑的后面等待大家。

2. 解读石碑铭文（图5），讨论在上海发生过的革命历史事件。

师：来到这边，大家再读一下碑文，上面的文字描述了上海的革命历史。

同学们，你们知道在上海这片土地上，发生过哪些历史革命事件吗？

生：中共一大、二大、四大都在上海召开。中国共产党在这座城市成立，党的纲领和章程也在上海确定。

生：还有五卅运动、淞沪会战等。在文化方面，20世纪30年代左翼作家联盟在上海创建。

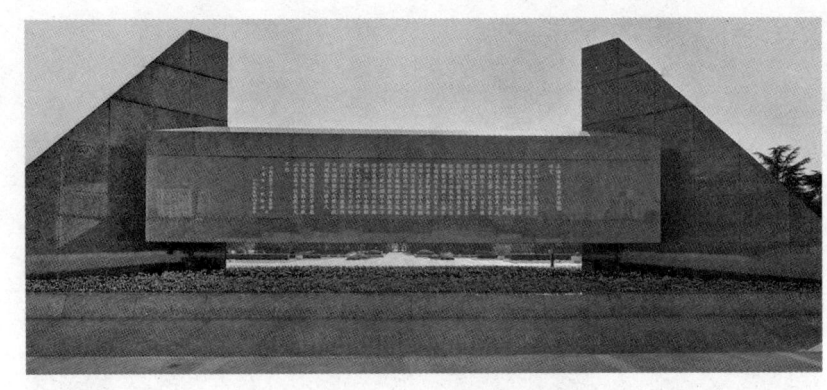

图5 丹心碧血为人民石碑背面

3. 了解龙华二十四烈士。

师：上海不仅是一座充满现代化魅力的魔都，也是一个有着光荣革命传统的城市。龙华烈士陵园的四周曾有百亩桃园，当时的人们有"三月半，游龙华，到龙华，看桃花"的民间习俗。龙华令人心醉，但它也一度是个阴森可怖的地方。鲁迅曾说过这样一句话，这句话在导学案第二页上。哪位同学念给大家听一下。

生："至于看桃花的名所，是龙华，也是屠场，我有几个青年朋友就死在那里，所以我是不去的。"

师：鲁迅所说的死在龙华的青年朋友有谁呢？有同学了解吗？

生：鲁迅死在龙华的几个青年朋友，指的是几位"左联"作家。

师：柔石、殷夫、胡也频、李求实、冯铿五位"左联"进步作家与其他十九位革命志士，就是这里著名的"龙华二十四烈士"，他们在国民党淞沪警备司令部看守所的刑场惨遭秘密枪杀。

师：上海见证了许多历史事件，艺术家们用不同的艺术表现形式，述说着过往历史。让我们也一起用艺术讴歌这段历史，请大家跟老师走到我们今天要解析的作品——《且为忠魂舞》前去。

二、新课教授

1. 红色雕塑的定义。

师：刚才我们看的所有的雕塑，它们表现的人物和事件有一个共同点,你们发现了吗?

生:它们都表现了参与革命的人,他们都有着共产主义信仰,这些雕塑还原了革命事件。

师:在革命的发展过程中,有一种颜色具有了革命以及共产主义信仰的政治寓意。那就是?

生:红色。

师:所以表现革命事件、共产主义信仰的雕塑又可以叫做什么雕塑呢?

生:红色雕塑。

师:非常好,我们将这样表现红色文化的雕塑称为红色雕塑。这节课我们的课题就是《烈士陵园瞻仰红色雕塑　综合材料描绘时代映象》。

2. 探究《且为忠魂舞》(图6)创作背景。

师:每一尊红色雕塑的背后都有着一段革命故事,《且为忠魂舞》也一样,这块石碑上写着它的故事,大家走到前面来,看看石碑上写着什么?大声念出来。

生:写了一首毛泽东的词——《蝶恋花·答李淑一》。

师:李淑一是杨开慧的好友,也是毛泽东的战友柳直荀的妻子,当时是长沙第十中学的语文教师。1950年1月,她把悼念丈夫柳直荀的《菩萨蛮·惊梦》一词寄信给毛泽东,毛泽东便写了这首词作为回信。请一位同学利用古诗文赏析的基础,来到石碑前为大家解释一下这首词。

生:这首词的上片写杨开慧、柳直荀两位烈士的忠魂到了月宫上,受到了仙人吴刚的热情款待。下片写仙人嫦娥用舒展宽大的袖子进行歌舞表演来表示对两位烈士忠魂的欢迎。最后,两位烈士的忠魂听到革命胜利的消息,激动地掉下了眼泪,眼泪化作了倾盆大雨洒向人间。

师:毛泽东写下这首词后,将杨开慧和柳直荀两位烈士的英雄事迹传唱至今。直至上海油画雕塑院高级美术师刘巽发结合龙华烈士

图 6 《且为忠魂舞》

的英勇事迹和精神，以龙华烈士为原型，引用毛泽东的词意，创作了这尊荡气回肠的雕塑。

3. 用雕塑语言之一——"负型造型"解析《且为忠魂舞》。

在这座红色雕塑中你看到了哪些形象？

生：戴着手铐的人……烈士赴死。

生：我看到了大理石粗糙的肌理。

生：我看到了飞天的形象。

生：我感觉它特别巨大，看的时候是在仰视。

师：它给你的第一印象是什么感觉？

生：让人心生敬畏，肃穆庄严。

师：刚才我们同学描述这尊雕塑用的都是日常语言，我们在解析红色雕塑的时候，还需要用到雕塑的语言，那么雕塑的语言有哪些呢？比如我们看到它之后的第一印象，就是《且为忠魂舞》的"影像"带给我们的，请大家看导学案第二页。

影像清晰是评价雕塑的一个标准，决定影像清晰与否的因素有实体形和负型。

实体形是指雕塑本身的造型实体，负形是指雕塑实体包围、分割产生的一些空洞。比如，在导学案中，亨利·摩尔的雕塑。那么请大家找一找，《且为忠魂舞》中的实体形和负型分别在哪里。

生：实体形指的是这件红色雕塑中的所有革命烈士，嫦娥下方的空洞应该是负型。

师：以小组为单位讨论两个问题；

第一个问题：结合毛泽东的词，你们小组认为《且为忠魂舞》的负型在其中代表了《蝶恋花·答李淑一》什么元素？

第二个问题：老师将这方负型空洞用电脑技术进行了填补，请大家将其与原作进行比较，如果取消这个负型，合适吗，为什么？

生：这里的负型空洞代表烈士死后升天的九重霄，有嫦娥、吴刚的地方，应该是月亮上吧。

师：根据词意可以推断飞天下方的负型在这件作品中代表的是烈士的灵魂所进入的九霄之境——月亮。那么这个负型可以取消吗？

生：我觉得这个负型能够让我觉得烈士的精神得到了永生，因此不能取消这个负型。

师：这位同学的观点很棒，负型使得《且为忠魂舞》更加悲壮和振奋人心，形成浪漫主义的风格。在雕塑创作中，有意识地加强负形，能烘托整体影像效果，还能使作品更具有感人的魅力。我们通过负型造型解析了《且为忠魂舞》肉体虽逝、精神永生的中心思想。我们带着感情朗诵一遍《蝶恋花·答李淑一》。

生：我失骄杨君失柳，杨柳轻飏直上重霄九。

问讯吴刚何所有,吴刚捧出桂花酒。

寂寞嫦娥舒广袖,万里长空且为忠魂舞。

忽报人间曾伏虎,泪飞顿作倾盆雨。

4. 用雕塑语言之二——"意象空间形式"解析《且为忠魂舞》

师:刚才有同学说到,这座雕塑看上去很大,是用仰视的角度看的。由此,老师向大家介绍第二种雕塑的语言,也就是雕塑的"空间感"。空间感也分两种:实际空间形式和意象空间形式。实际空间形式也就是雕塑的形体所占据的空间大小,意象空间形式听上去晦涩难懂,它到底是什么呢?老师请几个同学上来模仿一下人物的动作,大家就明白了。

生:模仿《且为忠魂舞》中的某个动作,感受四肢和眼神的张力。

师:几位同学模仿得很好,请问大家在模仿的时候,你觉得你身体的哪个部位是最用力的,这个力是朝向哪个方向的?

生:我觉得我的手最用力,是朝上的。

生:我觉得我的眼神最有力,这个力是往外的。

生:我觉得我的脚最用力,这个力是往下生根的。

师:那么现在大家带着对这几份力度的感觉,再观察《且为忠魂舞》,有什么新的体验吗?

生:我好像觉得雕塑变大了,变得更有张力了。

师:其实,这位同学讲的"变得有张力了"就是意象空间形式,它通常由雕塑的动势,特别是手、脚、眼神的指向所给予的空间视觉来获取的。还有同学有其他感受吗?

生:我觉得它有一种向空中上升的感觉。

生:高高竖立的感觉给我一种崇高感,让人觉得威严神圣。

师:大家的艺术感知能力提高了许多,这座雕塑高10.5米,我们在它面前所产生的崇高感,不是因为它的外在形式,而是立足于自身内心的感受,是它的昂首挺胸,唤起了我们内心的自我类同感,使我们感受到了人的价值,我们每个同学,此时心中都有一股豪迈的、积极的观赏体验感。

三、课堂实践：红色综合材料绘画创作

1. 作业布置。

师：那就让我们将对革命烈士的崇敬抒发在艺术创作中，我们以两两合作的形式，创作一幅红色综合材料绘画。课前老师让大家将《且为忠魂舞》的各个局部打好了基本型，在解析完这幅作品后，相信大家有了更明确的创作技法和方向。

通过上一个单元的学习，大家基本能够认识综合材料绘画中各种材料的特性。老师展示几种材料，大家想一想，哪些可以适合用来表达今天《烈士陵园瞻仰红色雕塑　综合材料描绘时代映象》的主题？

生：因为我们创作的是红色题材，所以我认为应该用厚重一些的材料，比如粗糙的树皮、有质感的皮革反面、烧焦的瓦楞纸、黄沙。

师：这位同学说得很好，那么我们在勾勒轮廓的时候，应该用怎么样的线条？

生：应该用强劲有力、粗犷、斑驳的线条画基本的速写。

师：那么如果大家清楚作业要求和作业内容了，那就可以开始了。

2. 学生作业，教师巡视。

3. 评价交流。

关注学生综合性艺术表现，评价学生的艺术感知、创意表达、审美情趣和文化理解等核心素养在艺术活动中的具体表现。另外，评价还要结合师评、自评与互评。

四、课堂小结

这节课我们运用雕塑的语言解析了雕塑《且为忠魂舞》，激发了内心的自我类同感，感受到烈士的伟大、革命的曲折，并且将自己的爱国情怀抒发到了艺术创作中。希望大家在今后的生活中能够用雕塑的语言体会艺术的乐趣，用雕塑的语言传承红色基因。

五、课后拓展

表现红色文化的艺术形式还有很多,请同学们进入龙华烈士陵园纪念馆,找寻其他表现红色文化的艺术表现形式。

附　教学详案

第一课时

【教学目标】

1. 学生能从生活中发现红色雕塑,感悟革命历史的伟大意义并继承革命前辈的伟大精神,珍惜和平。

2. 学生能从艺术表现方面,分析、认识红色雕塑的主题内容、思想内涵和艺术感染力;提升中华民族文化自觉和自信。

3. 学生能以综合材料绘画为艺术形式进行创作,感知材料在形象塑造、情感表达中的作用,同时感受不同艺术形式对对象的塑造。

【教学重难点】

1. 教学重点:用"负型造型"解析《且为忠魂舞》,体会其中心思想;用综合材料绘画的形式表达革命情怀。

2. 教学难点:用"意象空间形式"解析《且为忠魂舞》。

【教具与学具准备】

1. 教具:导学案。

2. 学具:8K画布、炭笔、综合材料(黄沙、烧焦的瓦楞纸、皮革)、胶水、水粉工具。

【学习过程】

一、任务引领

1. 全体同学沿着游览路线参观雕塑,思考:龙华烈士陵园的雕塑有怎样的共同点?

2. 解读碑文。

3. 鲁迅的话:"至于看桃花的名所,是龙华,也是屠场,我有几个青年朋友就死在那里,所以我是不去的。"

图 7　龙华烈士陵园导览图

二、新课教授

1. 影像 { 实体形 / 负型 }

2. 实体形：是指雕塑本身的造型实体。

3. 负型：是指雕塑实体包围、分割而产生的一些空洞。

4. 以小组为单位讨论两个问题：

第一个问题：结合毛泽东的词，你们小组认为负型在《且为忠魂舞》中代表了《蝶恋花·答李淑一》中的什么元素？

第二个问题：老师将这方负型空洞用电脑技术进行了填补，请大家将其与原作进行比较，如果取消这个负型，合适吗，为什么？

图8 亨利·摩尔雕塑作品

图9 《且为忠魂舞》原型

图10 《且为忠魂舞》负型填补后效果

5. 带着感情朗诵一遍《蝶恋花·答李淑一》：

我失骄杨君失柳，杨柳轻飏直上重霄九。

问讯吴刚何所有,吴刚捧出桂花酒。

寂寞嫦娥舒广袖,万里长空且为忠魂舞。

忽报人间曾伏虎,泪飞顿作倾盆雨。

6. 空间感

> 实际空间形式:雕塑的形体所占据的空间大小。
>
> 意象空间形式:由雕塑的动势,特别是手、脚、眼神的指向所给予的空间视觉来获取。

第二课时
一、教学目标
(一)学生能从艺术表现方面描述、分析、解释红色题材浮雕的主题、思想内涵和艺术感染力;提升中华民族文化自觉和自信,在红色艺术中感悟革命情怀。

(二)在《丹心》中感知肌理、起位线在形象塑造、情感表达中的作用,同时感受概括性线条的塑造效果。掌握综合材料版画的技法,结合南洋中学十位烈士,创作《南洋红色篇章》,传承红色基因,争当时代新人。

(三)能收集资料,与同学交流自己对美术作品的想法和观点。在呈现集体性大型作品的过程中学会集体合作、交流、协调。

二、教学重难点
(一)教学重点:用肌理与浮雕语言"起位"赏析《丹心》。
(二)教学难点:结合校史创作《南洋红色篇章》,将浮雕中的深浅层次以综合材料版画的方式表现出来。

三、教具与学具准备
(一)教具:幻灯片、版画机、版画油墨、卡纸、剪刀、滚轮。
(二)学具:版画机、版画油墨、卡纸、剪刀、滚轮,胶水。

四、教学过程

学习内容	教师活动	学生活动	设计意图
第一课时拓展交流	1. 带领学生以全景参观的方式再次走入场馆。 2. 组织两组学生利用全景参观的方式各分享一件红色题材艺术作品。 3. 补充学生在分享作品过程中遗漏的部分，升华作品主旨。	1. 在全景展厅中找到自己小组关注的作品，为同学介绍其作者、创作背景、作品形式等。谈谈艺术品带给自己的感受，分享课后的探究成果。 2. 通过老师对作品的补充说明，加深对艺术作品的理解。	1. 在全景展厅中再次重温革命历史，欣赏红色艺术，厚植爱国情怀。
了解《丹心》"浅浮雕"的表现形式。	1. 出示龙华烈士陵园烈士纪念堂浮雕《丹心》。 2. 提出问题：《丹心》与《且为忠魂舞》形式上的区别。 3. 出示三种浮雕形式的作品。	1. 描述作品题材和内容。 2. 回忆上一节课的内容，回忆其他单元课的内容，运用到本课中做对比。 3. 分析、讨论《丹心》的表现形式与特点。	1. 了解《丹心》的题材与内容，在解释作品表达内容的过程中了解上海的革命历史。知道上海英烈是民族与国家的栋梁。 2. 知道浮雕的三个种类，学会在生活中分辨浮雕。 3. 知道《丹心》简洁、具有概括性的线条特点，为教学难点——创作实践环节做铺垫。
探究"起位"在《丹心》中的运用。	1. 引导学生认识"起位"。	1. 对比高浮雕与浅浮雕的起位线的区别。 2. 思考《丹心》在起位线低的情况下如何区分底板与主体形象。	1. 明白肌理在浅浮雕中的运用技巧。为教学难点——创作实践环节作铺垫。

续 表

学习内容	教师活动	学生活动	设计意图
课堂实践:用综合材料版画的技法创作《南洋篇章》。	1. 启发学生联想《丹心》还像什么形式的作品。 2. 任务驱动:南洋中学先驱园需要一面创意浮雕位装饰的围栏,同学们将怎么设计呢?用版画的方式表达出来想法。 3. 介绍版画机的使用方法。 4. 评价作品。	1. 思考《丹心》在浮雕的基础上还借鉴了壁画的形式,增强了叙事性。 2. 梳理校史,了解、认识南洋十烈士的革命故事。 3. 形成创作思路,利用综合性材料制作《南洋红色篇章》版画。 4. 评价作品。	1. 在梳理南洋中学位烈士的过程中,提升对学校的感情,增进与革命烈士的距离,更好地还原革命真实感,良好地深化爱国主义情怀,达到爱国爱校、知行合一的育人目的。 2. 在实践过程中,通过集体合作,学会沟通、表达与协调,发展学科核心素养。
课堂小结	教师语言小结。		
课后拓展	布置课后探究主题:中国的版画创作历史源远流长,大家还可以探究我国古代瓦当、画像砖、画像石以及青铜器上的浮雕装饰,品味其中的内涵和韵味。	根据主题进行课后拓展,以 PPT 形式为成果分享。	在漫长优美的雕塑艺术史中畅游,探寻中华民族传统文化,享受美,追求美,爱护美,表达美。

附教学详案:

一、第一课时(课后拓展交流)

1. 参观全景展厅

师:同学们,上节课后大家走进龙华烈士陵园纪念馆探索了更多的、不同表现形式的红色题材艺术作品。今天老师带大家再次走进场馆,不过我们并不是要集合出发,而是通过全景体验的方式进行参观。

2. 小组交流分享

师:这就是龙华烈士陵园官方网站为大家提供的全景参观模式。大家还记得自己小组喜欢的那件作品在展厅的哪个地方吗?下面我请两个小组的代表在全景展厅中找到自己小组喜欢的一件红色题材艺术作品,为大家作简单介绍。

小组 A 交流分享:

我们小组最喜欢的一张作品是在新民主主义革命时期第二展厅的这幅《南京路五卅惨案》油画。经过资料收集和研究,我们获得了以下信息。这幅油画的主要作者是全山石,全山石是我国著名的、德高望重的油画家,青年时曾公派留学彼得堡列宾美术学院油画系深造,并获艺术家称号。

这幅画的创作背景是 1925 年 5 月 30 日,上海学生两千余人在租界内散发传单,发表演说,抗议日本纱厂资本家镇压工人大罢工、打死工人顾正红,声援工人,并号召收回租界,被英国巡捕逮捕一百余人。下午万余群众聚集在英租界南京路老闸捕房门首,要求释放被捕学生,高呼"打倒帝国主义"等口号。英国巡捕竟开枪射击,当场打死十三人,重伤数十人,逮捕一百五十余人,造成震惊中外的五卅惨案。

《南京路五卅惨案》是一幅优秀的现实主义的主题性历史画,画面上丰富、逼真、典型的历史人物群像和事件环境再现了 1925 年 5 月 30 日发生在上海南京路的震惊中外的"五卅惨案",画面生动地表现了何秉彝等共产党员和爱国青年在英帝国主义巡捕屠杀面前不畏强暴、不怕牺牲的英雄形象,也真实地揭露了英帝国主义者在中国领土上对中华民族所犯下的血腥罪行。油画笔触与色调凝重、沉着、明快。

小组 B 交流分享:

A 组的分享非常精彩,但是我们小组也有更好的作品分享给大家。引起我们小组关注和探究的作品是陈列在新民主主义革命时期第三展厅的大型历史人物油画《左联等烈士走向刑场》。油画的作者是中央美术学院油画家王少伦。作品具有强烈和典型的写实主义艺术的风格和特征。作品画面中人物群像与事件环境时空的描绘手法扎实、细腻，构思、布局新颖脱俗，不同于以往革命历史画的传统式样。画面表描绘了1931年2月7日的夜里，龙华二十四位烈士惨遭秘密枪杀，英勇就义的情景。画面气氛深沉而悲壮，生动地反映了英烈们在生命的最后时刻所表现出来的崇高精神与情感，以及宁死不屈的浩然正气。画面真实动人的艺术语言催人泪下，感人肺腑。画面也犀利地揭露了20世纪30年代国民党反动派残酷的法西斯专政的罪恶历史。如今，每当人们参观龙华烈士纪念馆，来到这幅大型历史人物油画时，都会情不自禁地驻足凝视良久，为"龙华二十四烈士"的英勇行为所震撼和激动，也为此油画作品的生动与逼真所惊叹。

3. 教师补充：

师：两个小组的分享都非常棒，他们仔细探究了作品的创作背景、作者以及画面的特点。而且还分享了自己观看作品之后激动的心情。这是两份非常优秀的探究成果，让我们用掌声表扬这两个小组，同时也表扬自己小组的探究过程。

听完这两幅作品的分享之后，老师还要为大家补充和复习两点知识。首先，大家看这幅西班牙画家戈雅的作品《1808年5月3日夜枪杀起义者》。大家有没有发现它与《南京路五卅惨案》的相似之处呢？

生：他们的构图好像是相似的，都是一个或者数个行刑者举起枪来准备射杀无辜的游行者和起义者。

生：两幅作品的色彩也很相似，背景都是阴森的漆黑色，主人公身上都有一道特别强烈的暖白光。

师：两位同学的观察非常仔细，他们的回答也很正确，戈雅的这幅作品是1814年创作的一幅布面油画，这是一幅带有英雄和悲剧情节的作品，这幅画是戈雅最具代表性的作品，也是一幅杰出的爱国主义历史画。

和这幅19世纪的作品一样，《南京路五卅惨案》画面中的色彩也运用得恰到好处，冷色的夜幕、被处决者的衣服、士兵冷冰冰的背影等相互呼应，画面中心高举双臂、穿白色衣服的男子突出了枪杀的主题，也是画家抨击侵略者残暴的方式。人们高举的双臂使得画面丰富饱满,充斥着艺术的张力。

师:接着我们再来看B组同学分享的《左联等烈士走向刑场》,老师觉得这张画最打动我的地方是画面后方仅仅露出一只眼睛的这位烈士,我不知道他的姓名,只知道他是龙华二十四位烈士中的一位。他的眼神中透露着对死亡的恐惧,我相信这是任何人面对死亡的时候都会有的恐惧和惊悚。同时,他身边的其他烈士眼神中也透露出其他情绪,愤怒、担忧等,大家可以细细体味。

我们回想古希腊古风时期的雕塑作品《垂死的战士》,还记得当时我们发现了他的什么特点吗?

生:这是一件古风时期的作品,这位战士是在一个垂死的状态下,但是他还是在微笑,这是不符合常理的,我们把这样的微笑称为"古风式"的微笑,这是一种程式化的微笑。

师:这位同学对学习过的知识掌握得很扎实,他确实是一种古风式的微笑,人不可能在死亡即将来临的时候笑。老师把这幅作品再次展示出来,是想让大家对比《走向刑场》对烈士人物描绘的真实性,这是难能可贵的,"真实"是这幅作品最精彩的地方。画面真实动人的艺术语言催人泪下,感人肺腑。

二、了解《丹心》"浅浮雕"的表现形式。

1. 出示浮雕《丹心》

师:这节课,老师将继续带领大家探寻红色艺术的魅力,大家现在看到的是龙华烈士陵园中烈士纪念堂外部的大型浮雕作品。这组名为《丹心》的大型浮雕的总面积为261.17平方米。浮雕以艺术概括的表现手法,塑造了自1949年中华人民共和国成立以来各个年代中的上海英烈的事迹和英雄形象,它的主题表现和艺术形式与烈士纪念堂的内容与氛围息息相关,密切吻合。

2. 展示课题

今天我们的课题就是《品浮雕魅力　绘南洋篇章》。

《丹心》浮雕的十个弧形浮雕墙面所表现的内容篇章有所不同。请大家观察,描述作品的题材与内容。

图11 《丹心》局部

生：北面中间外墙正面所表现的是万顷波涛，寓意波澜壮阔的社会主义时代浪涛造就了万千胸襟坦然、忠于祖国、无畏无私的革命英烈。

生：此墙背面刻画的是振翅冲天而去的群鹤，象征着上海英烈的凌云壮志和精神的升华。

生：左右两块外墙的浮雕是颂扬烈士业绩和英雄形象的篇章。两墙正面的浮雕表现的是为保家卫国、维护社会安定与人民幸福生活而献身的军队、公安、武警等英烈的形象与事迹。

生：两墙背面的浮雕反映了在建设祖国的过程中抢险救灾、舍己为人、为保卫国家与人民的生命财产而牺牲的英烈及其事迹。

生：大厅中央两块墙面，其正面的浮雕塑造的是肃穆庄严地拿着旗帜端坐着的男女人物形象，象征与代表着国家与人民对死难烈士的无限哀思和悼念。

生：两墙背面浮雕塑造的是参天大树的形象，寓意上海英烈是民族与国家的支柱栋梁。

师：同学们观察得非常仔细，大家也发现了其中的形象所代表的寓意。大型浮雕《丹心》的十面浮雕组成了一部悲壮而奔放的上海英烈颂的交响曲。

3. 在比较中得出《丹心》的造型特点

师：对比我们之前学习过的《且为忠魂为舞》，它们二者的区别是什么，共同点又是什么呢？

生：《且为忠魂为舞》是360度都雕刻的，《丹心》只雕刻了一个面。前者是圆雕，后者是浮雕。它们的共同点是，二者都是红色雕塑。

师：这位同学的回答很完整，它们都是红色雕塑，但形式有所不同。雕塑的种类分为圆雕、浮雕和镂雕，这个内容我们在《明清时代的家居》一课中学习过。不过，浮雕也分三类，大家知道吗？请大家看这三张图（图12—14）。

图12 苏州沧浪亭漏窗

图13 《万里长城》钱币

图14 《龙门石窟》

师：这三张图代表了浮雕的三个种类，分别是：镂空浮雕，浅浮雕和高浮雕，那么大家知道《丹心》是哪种浮雕了吗？

生：《丹心》是浅浮雕。

师：没错，我们再来看《丹青》，大家能发现它作为浅浮雕有什么特点吗？可以与这件深浮雕作品（图 15）进行比较。小组讨论。

图 15　高浮雕《遇难的劳工》威生佐·维拉（瑞典）

生：《丹心》作为浅浮雕作品，作品的凹陷没有高浮雕深。与《遇难的劳工》对比，《丹心》的作品烘托的氛围是磅礴大气的，有种史诗般的感觉，色调也比较明快，象征着胜利的来之不易。

生：在造型手法上，《丹心》对人物形象的描绘应该是比较简洁的，没有《遇难的劳工》这么写实，作者用的应该是夸张的手法，同时，我觉得《丹心》还有点像一部电影的分镜头组成。

师：大家的讨论结果非常丰富，思考得很认真，能说出这么多特点。在人物刻画的线条上，《丹心》有什么区别吗？继续对比思考。

生：《丹心》的任务线多、非常简洁，衣纹衣褶较少，是概括性的表现。

师：这位同学观察很仔细，《丹心》不仅有点像电影的分镜头，还像剪纸，因此它的人物衣纹非常简洁，概括性的直线居多，使作品充满刚强之气。

三、探究"起位"在《丹心》中的运用。

探究《丹心》的"起位"与肌理

师：刚才同学说《丹心》作为浅浮雕作品，作品的凹陷没有高浮雕深。这个特征就是高、浅浮雕的最大区别，影响二者区别的因素叫做"起位"。

由于浮雕的有限厚度限制了它的塑造和展示空间，尤其浅浮雕，形体经过压缩后，接近平面造型。那么要想使压缩了的浮雕形象清晰，并具有鲜明的形体感，就要通过加强和突出轮廓线来表现，而浮雕通常是用"起位"来表现轮廓线的。

"起位"是指浮雕形象的外轮廓和背景交界处以及前后层次的轮廓和背景交界处的垂直突起的立面。在浮雕中起位既表示形体的厚度感，也表示着形体与形体之间的空间感和距离感。

《丹心》的起位较低，一般来说，起位较低的浮雕中，主体物总是不够突出，那么这幅作品是用什么方法解决这个问题的呢？

生：我觉得是利用了一种肌理，使底板和主体形象很容易地被区分。

师：这位同学回答很正确，观察很仔细，我们看到，《丹心》中的底板是有肌理的，这样就可以明显与主体物区分。因此肌理是浅浮雕中的一个关键技巧。

至此，我们已经总结出《丹心》的两个造型特点：线条具有概括性，以及底板有肌理。那么我们可以开始《南洋红色篇章》的创作了。

四、课堂实践：用综合材料版画的技法创作《南洋红色篇章》

1. 任务驱动

师：同学们，南洋中学诞生在百年前的祖国，100年筚路蓝缕，南洋是一所爱国主义情怀积淀厚重的学校,在我们的校园中,有烈士的先驱园,用以纪念南洋十烈士,他们分别是我们的校友:朱少屏、王兆澄、林一青、张耀先、俞昌准、熊达人、沈传智、钱立华、严庚初、童桂华。同学们,请大家用两分钟的时间通过烈士的资料了解他们光荣的革命事迹。

学生阅读资料,了解南洋十烈士。

师:同学们,革命烈士从未离我们如此之近,他们的革命精神每时每刻都在校园中陪伴着我们,铭记历史,树立远大理想。假设先驱园将要进行一场改建,完善革命故事的述说,增强感染力,大家能不能同样以《丹心》的方式创作一幅史诗般的《南洋红色篇章》呢?

生:能!

师:刚才有同学讲到《丹心》有点像电影的分镜头,其实啊,它还有点像壁画。因此我们可以用综合材料版画的方式制作《南洋红色篇章》的设计图,更快速地表达我们的艺术思想。

在制作的过程中,要记住《丹心》的两个特点:线条具有概括性、底板有肌理。我们用到的材料有:版画机、白色油墨、白色卡纸、黑色卡纸,还有许多生活中具有肌理的材料。

2. 教师示范

接下来,请看老师的示范。(首先,用铅笔在卡纸上绘制革命烈士的概括性形象与一些红色元素和革命故事中的元素,要求线条简洁概括。接着,用剪刀和刻刀将形象刻画出来。然后,用白色油墨将主体形象压印到黑色卡纸上。待白色油墨干燥后,用综合材料沾上浅色油墨在底板空隙处拍打制作肌理。最后,将所有小组的作品贴至长条状作品展示板上,形成一幅集体性创作作品。)

3. 学生实践,教师巡视

4. 评价展示

围绕过程表现和作品表现进行评价,注重合作交流和艺术表现。

五、课堂小结

同学们,通过两节课的学习,我们了解了圆雕和浮雕的特点,学习了几种雕塑的语言,在欣赏雕塑的过程中,体会到了深厚的红色文化,并且我们也积极地开展创作,抒发自己的爱国主义情怀、革命情怀。今天,我们还特别地拉近了革命烈士和我们的距离,通过为十位校友烈士完善先驱园,表达了我们青少年的坚定政治信仰,在生活中,我们仍然要时刻做好红色基因的接班人!

六、课后拓展

布置课后探究主题

中国的版画创作历史源远流长,大家还可以探究我国古代瓦当、画像砖、画像石以及青铜器上的浮雕装饰,品味其中的内涵和韵味。

艺术定格红色记忆在平面与立体之间：浮雕艺术

龙华中学　朱　莎

第一课时：初识浮雕艺术（校外）

一、教材分析

本节课选自少儿版七年级上册美术教材《在平面与立体之间》一课，浮雕是一种介于圆雕和绘画之间的艺术表现形式。作为一种人文创造，浮雕始终以其独特的艺术形式展现、丰富着人类的历史与文明。

本单元共设置两个课时，第一课时在龙华烈士陵园实地参观并初识浮雕艺术，并以简单的线条记录或创作浮雕作品，为第二课时制作铝箔纸浮雕作铺垫。

二、学情分析

七年级学生的观察、想象力比较强，但他们对浮雕的接触和观察的机会比较少，认知比较薄弱。通过在龙华烈士陵园的实地观察，并对龙华烈士陵园内优秀的浮雕作品进行赏析，可以帮助学生对于浮雕有初步的了解，并从中感悟到革命历史的伟大意义和革命烈士们的伟大精神。

三、教学目标

（一）学会分析浮雕的内容、感情和内涵，并能够通过简单的线条临摹或创作英烈主题浮雕草稿。

（二）通过浮雕与绘画、圆雕的对比，感受浮雕独有的艺术表现形式的魅力；通过作品欣赏学习浮雕的分类与材料。

（三）通过龙华烈士陵园内的浮雕作品感悟革命历史的伟大意义和革命先辈们的伟大精神，并且用这个特殊的艺术方式定格记录。

四、教学重点

（一）了解和分析《五卅惨案》《丹心》等浮雕作品。

（二）用画笔临摹或创作浮雕作品草稿，为第二课时铝箔纸浮雕制作作铺垫。

五、教学难点

对浮雕作品中的故事性和情感的感受和表现。

六、教学过程

（一）课前预习

课前让学生了解五卅惨案。

（二）导入

师：作为龙华中学的学生，相信各位对龙华烈士陵园并不陌生，很多同学甚至来参观过很多次。而今天我们就要在龙华烈士陵园上一节特别的艺术课。

龙华烈士陵园中有非常丰富的艺术资源，我想请各位同学回忆一下你在龙华烈士陵园中看到过哪些类型的艺术作品？

生：油画、雕塑、动画作品等。

师：龙华烈士陵园中有非常多优秀的艺术作品在对我们诉说着抗战过程中英勇的烈士们的故事。

很多同学可能首先会注意到的是颜色鲜艳的图像资料又或者是造型夸张有冲击力的圆雕作品（立体雕塑）。浮雕作品很容易被同学们当做背景一看而过，那么今天老师就想带领各位同学仔细地观察龙华烈士陵园中的浮雕作品,看看这些浮雕作品定格记录下了烈士们什么样的故事。

设计意图:引出本节课重点:龙华烈士陵园中浮雕作品的赏析。

(三)新课讲授

1. 带领学生来到《五卅惨案》作品前。

师:《五卅惨案》这幅作品是由雕塑家王克庆制作完成的,作品由一尊圆雕(立体雕塑)和一块浮雕两大部分组合而成。老师课前让各位同学提前去了解五卅惨案,请一位同学简单地概括一下。

生:1925年5月30日上海学生在租界内散发传单,发表演说,抗议日本纱厂资本家镇压工人,被英国巡捕逮捕一百余人。下午万余群众聚集在英租界,要求释放被捕学生,高呼"打倒帝国主义"等口号。英国巡捕竟开枪射击,当场打死十三人,重伤数十人,逮捕一百五十余人,造成震惊中外的"五卅惨案"。

师:了解了这幅作品的背景之后,我们再来仔细观察这幅作品,雕塑家王克庆在作品中是如何表现五卅惨案的,表现出一种怎样的情感?

立体雕塑部分:烈士高大、强壮,牺牲瞬间不屈的精神在上升,死亡与反抗融于一身,突出了顽强的生命力和强烈的抗争,强调了五卅烈士的"反帝勇猛气势和革命精神永存人间"。

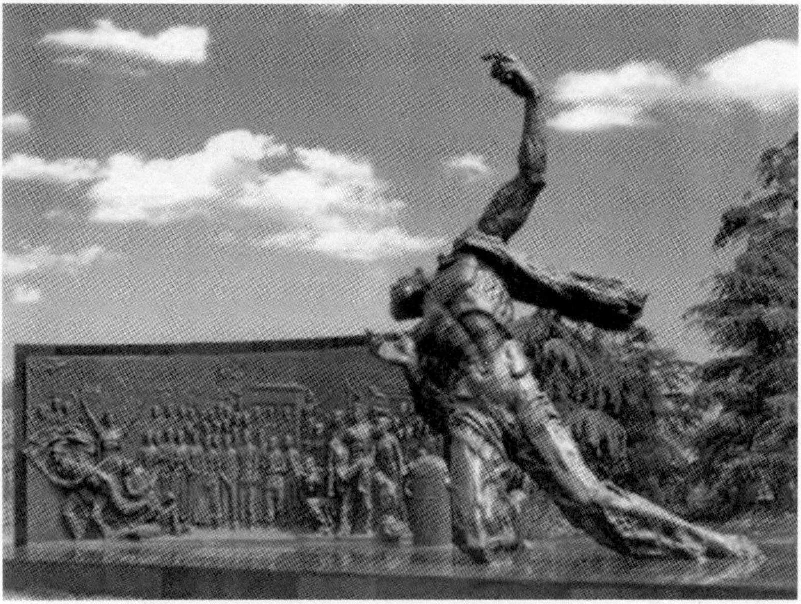

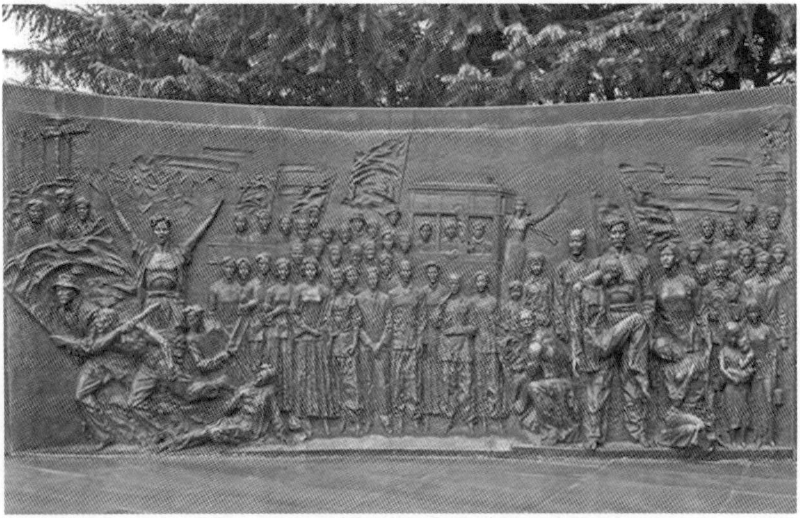

浮雕：浮雕再现的 65 个不同年龄、性别、身份的五卅历史中的中国民众人物，栩栩如生，活灵活现。潇洒、含蓄、深沉、悲壮、高昂，体现中华民族的悲愤与怒吼。

师：在整这幅作品面前，很多同学的注意力很容易集中在前面的这尊立体雕塑上，从艺术表现形式上确实立体雕塑可以通过夸张的线条变化和 360 度的展现形式表现更多的细节。但是当我们了解了五卅惨案的故事背景之后我们就会发现，五卅惨案中不是只有一位烈士挺身而出对资本主义进行抗议，而是一大群普通老百姓不畏危险对当时的制度和压迫的反抗。

设计意图：通过对《五卅惨案》的作品赏析，让学生关注到浮雕作品，把参观的重点从视觉张力转到作者的情感表达和作品的背景故事。

2. 带领学生来到《丹心》作品前。

师：让学生观察作品，说一说和《五卅惨案》区别。
生：比较平面，更像是一幅连环画。
师：浮雕作品是介于绘画和立体雕塑中间的一种艺术表现形式。
浮雕分类：以《丹心》为例：浅浮雕起位较低，平面感较强。
以《五卅惨案》为例：高浮雕由于起位较高、较厚。

设计意图：通过馆内各类浮雕作品的对比，让学生对于浮雕的分类有更直观的了解。

师：在这幅作品中你看到了什么？你觉得作者又是如何表现的？

生：通过多个画面表现不同的故事。除了人物的塑造以外还添加了背景,通过加入具有象征意义的图形和类似动画中的排线表达画面的情绪。

中间：振翅冲天而去的群鹤,象征着上海英烈的凌云壮志和精神的升华。

左右：颂扬烈士业绩和英雄形象的篇章。

正面：表现的是为保家卫国、维护社会安定与人民幸福生活而献身的军队、公安、武警等英烈的形象与事迹；

背面：反映在建设祖国的过程中抢险救灾、舍己为人、为保卫国家与人民的生命财产而牺牲的英烈及其事迹。

大厅中央正面：塑造的是肃穆庄严地拿着旗帜端坐着的男女人物形象,象征与代表着国家与人民对死难烈士的无限哀思和悼念。

背面：参天大树的形象,寓意上海英烈是民族与国家的栋梁。

师：通过全面的观察我们发现浮雕《丹心》组成了一部悲壮而奔放的上海英烈颂的交响曲。其中不单单表现了某一个历史事件或某一个烈士的事迹,更是把整个抗战过程中群众的精神具象化。

设计意图：《丹心》这幅作品不单单表现的是单独的英雄而是在我们身边的普通老百姓不屈不挠的抗争精神,整体画面线条比较简单更类似于连环画的效果,对绘画基础一般的学生来说,《丹心》更容易临摹和创作。

（四）动手操作

1. 学生作业：临摹或创作一幅英烈主题的浮雕作品草稿并转印到铝箔纸上。

2. 作业要求：线条简单概括,在画面中可以表现出抗战精神。可以适当加入背景。

3. 教师示范：通过对浮雕作品的观察和认识,用简单的线条在铅画纸上概括出浮雕作品的大体轮廓,接着将线条转印到铝箔纸上并添加上小的细节。

4. 学生动手操作：经过在馆内参观、游览和鉴赏,挑选一幅自己喜欢的浮雕作品进行临摹创作。同时鼓励学生可以根据馆内英烈的英雄事迹进行原创设计,最终将铅画纸上的草稿用水笔转印到铝箔纸上,方便第二课时的铝箔纸浮雕的创作。

设计意图:通过之前的参观和赏析,让学生在课堂中及时记录下对浮雕的认识和感受,同时也为第二课时铝箔纸浮雕制作作铺垫。

(五)作品评价

1. 评价标准:引导学生说一说自己在画面中创作的故事灵感。整体线条是否简洁明了?方便后续在铝箔纸浮雕刻画时层次的制作。

2. 评价方式:自评、互评、师评。

(六)总结与拓展

在第一课时中,带领学生进入龙华烈士陵园对优秀的浮雕作品进行近距离的观察和赏析,帮助学生更好更直观地对浮雕这个艺术分类形成初步认识。

同时在课堂中让学生临摹优秀的浮雕作品,加深印象的同时也为第二课时铝箔纸浮雕制作作好铺垫。

第二课时:铝箔纸浮雕艺术创作

一、学情分析

通过第一课时在龙华烈士陵园的实地观察,对园内优秀的浮雕作品进行赏析,帮助学生对于浮雕有了多方面的认识,并在第一课时中用简单的线条临摹或创作出了浮雕作品的草稿,为第二课时铝箔纸浮雕创作作好了铺垫。

二、教学目标

(一)了解铝箔纸浮雕的创作过程,并制作铝箔纸浮雕,理解浮雕作品中层次区分。

（二）通过临摹优秀浮雕作品完成铝箔纸浮雕的创作，在创作过程中尝试加入自己喜欢的装饰元素。

（三）感受浮雕的艺术特色，知道浮雕艺术就在我们身边，并且用这个特殊的艺术方式定格记录先烈们的伟绩。

三、教学重点

铝箔纸浮雕的制作。

四、教学难点

在画面中表现出浮雕的层次感，能够加入装饰元素。

五、教学过程

（一）导入

1. 回顾馆内优秀浮雕作品，并鼓励学生交流在馆内临摹的浮雕作品的创作想法。
2. 教师展示铝箔纸浮雕作业成品。
3. 引出主题：铝箔纸浮雕制作。

设计意图：用实物展示的方法，帮助学生更加直观地了解课堂作业的效果和要求。

（二）动手操作

教师分步展示操作步骤：

1. 在硫酸纸上根据在馆内临摹的浮雕作品画出外形轮廓线和主要结构线条。
2. 将画好的线稿覆到铝箔纸上，用竹笔沿线刻出线条。
3. 细笔刻画添加细节。
4. 用粗细不一的工具推压、添加形成浮雕效果。
5. 翻到另一面观察凸起的效果。

设计意图：结合上节课学生临摹的浮雕作品，将其变为一幅铝箔纸浮雕作品，在操作过程中让学生可以全面的感受到浮雕作品与平面画的差异，感受浮雕的魅力，同时通过作品的制作抒发对伟大英烈的纪念。

（三）作品评价

1. 评价标准：

作品线条清晰流畅

画面层次分明、疏密得当

具有装饰作用

适当加入个人特色

2. 评价方式：自评、互评、师评。

（四）总结与拓展

通过两个课时的学习，学生既有机会在龙华烈士陵园对优秀的浮雕作品进行近距离的观察和赏析，帮助学生可以更好更直观地对浮雕这个艺术分类形成初步认识。

同时在课堂中让学生亲自动手制作铝箔纸浮雕作品，感受区别于平面画的制作过程和立体作品效果，可以更好地感受到浮雕作品的魅力。

贯穿两节课的是对龙华烈士陵园中的英烈的纪念和感恩之情，并且将自己的爱国情怀抒发到艺术创作中。作为龙华人我们感到深深的自豪。

花儿朵朵向阳开　朵朵深情祭英烈

上海市教育科学研究院实验小学　毕丽云

一、教材分析

《花儿朵朵向阳开　朵朵深情祭英烈》是一节由上海龙华烈士陵园红色文化基地与小学美术教育相融合的实践活动。整个活动以"鲜花"为载体，以制作纸质花束和缅怀卡为活动内容，以小组合作为主要活动形式，提升学生的爱国主义情怀和艺术审美能力，传承优秀的上海地方红色文化。

活动分为两个课时，第一课时学习在校内，第二课时学习在龙华烈士陵园。

在第一课时中，学生通过讲先烈故事，小组合作制作祭奠英烈的"鲜花"花束等活动，通过分享交流、观察与比较、团队合作的学习，培养学生的创新意识、对美的感悟，提升学生爱国主义情怀，坚定努力学习、报效祖国的决心。

在第二课时中，学生来到龙华烈士陵园，将小组合作完成的花束敬献给英烈并继续以"鲜花"为载体，以"鲜花象征革命英烈"为主线，带领学生参观、感受并交流；以制作缅怀卡的方式，以"花"赠英雄，以"话"敬英雄，进一步激发学生的爱国情怀，缅怀英雄，努力奋进的决心。

在活动内容的安排上，体现承上启下的整体性，第一课时中制作的花束作为第二课时中学生祭奠英烈的花束，前后活动衔接自然，第二课时中学生对用"鲜花"寓意先烈的探究与交流，又是对"鲜花"这一载体的延伸和提炼。这样的设计，使得整个活动主题突出，活动内容环环相扣，活动难易程度适中，易于操作。

二、学情分析

四年级的学生在阅读、语言表达、知识储备等方面都有了很大的发展,并且开始从被动的学习向主动的学习转变。这个时期的学生,非常乐于展现自己的想法,能主动参与各项活动,思维活跃,行动积极。在美术技能的表现上,能够运用所学的美术表现技能,如绘画、剪贴等方式表达自己的所思所感,在观察能力、动手能力和表达能力上都有了很大的提高。在进行象征性分析和语言提炼时,部分学生可能会出现词不达意等困难,需要教师的耐心引导和启发,使学生能顺利完成任务,增强个人情感表达的自信心。

三、教学目标

(一)能运用彩纸,以折、剪、贴等方式,合作完成"花束"的制作;能尝试、分析象征革命先烈的"鲜花"花语,以鲜花的形象和几句简单的话语,制作一张缅怀先烈的卡片。

(二)通过讲故事,观察与比较,以小组合作的方式完成"花束"的制作;通过祭奠英烈,参观、分析讨论、交流与记录,制作一张缅怀卡。

(三)以制作纸质花束祭奠英烈和制作缅怀卡为活动内容,提升学生的爱国主义情怀和艺术审美能力,传承优秀的上海地方红色文化。

四、教学重难点

(一)重点:能综合运用纸材和美术技能制作花束和缅怀卡。

(二)难点:能运用纸材表现不同的鲜花造型,能理解象征革命烈士的花语。

五、教学准备

(一)教师:课件、彩纸、剪刀、固体胶、水彩笔、水笔。

(二)学生:课前准备英烈的故事和象征革命烈士的花语,剪刀、固体胶、水彩笔、记录本。

六、教学过程

第一课时(校内)

(一)课时教学设计

课题	《花儿朵朵向阳开　朵朵深情祭英烈》	课时	1课时
教学目标	1. 能运用各色彩纸,以折、剪、贴等方式,制作美丽的"花束"。 2. 通过讲故事,欣赏、观察与比较鲜花的结构、特征和制作方法,以小组合作的方式完成鲜花花束的制作。 3. 通过聆听先烈的故事,制作祭奠英烈的花束,培养学生的集体合作意识,提升学生的爱国情怀,培养学生的审美能力。		
教学重点	能综合运用折、剪、贴,制作花束。		
教学难点	能表现各种不同的鲜花造型。		
教学资源	课件、彩纸、剪刀、固体胶。		

主要教学活动设计

活动序号和活动名称	活动一:讲革命先烈的故事,揭示活动主题
活动目标	了解革命先烈的故事,激发学生的爱国情怀,明确活动主题。
活动任务	讲革命的故事,揭示制作"鲜花"祭奠英烈的活动主题。
关键问题	1. 什么是"四史"? 2. 无数的革命英雄为了新中国的成立抛头颅洒热血,你想用怎样的方式去祭奠他们呢?
活动资源	课件
活动序号和活动名称	活动二:了解祭奠英烈的鲜花种类,分析鲜花的结构(落实重点的活动)
活动目标	知道祭奠英烈的鲜花种类,了解鲜花的组成部分。

续 表

活动任务	讨论交流用来祭奠英烈的鲜花种类,观察鲜花的结构。
关键问题	1. 在祭奠英烈时,主要用到了哪些鲜花? 2. 鲜花是由哪几个部分组成的? 3. 不同种类的鲜花,叶、茎和花的特点一样吗?花瓣的形状?叶片的形状?茎的特点?
活动资源	课件
活动序号和活动名称	活动三:花束的制作方法(落实重点、难点的活动)
活动目标	学习一朵"鲜花"的制作以及花束的制作方法。
活动任务	小组合作完成花束的制作。
关键问题	1. 叶、茎和花的制作方法有哪些? 2. 花束如何制作?
活动资源	课件、剪刀、彩纸、固体胶、小工具。
活动序号和活动名称	活动四:视频学习在烈士陵园中祭奠英烈的流程和礼仪
活动目标	通过观看视频指导学生祭奠英烈的流程和礼仪。
活动任务	了解下节课去龙华烈士陵园祭奠英烈的流程和礼仪,培养学生的爱国主义情怀。
关键问题	在祭奠英烈时我们应该怎么做?所具备的礼仪有哪些?
活动资源	视频
活动序号和活动名称	活动五:课后任务——寻找象征革命烈士的鲜花花语(有条件可打印)
活动目标	为第二课时活动作课前准备
活动任务	尝试寻找象征革命烈士的鲜花花语(可打印)。
关键问题	象征革命烈士的鲜花花语有哪些?
活动资源	网络、书籍。

附：教学详案

一、讲讲革命故事,明确活动主题

(一)问题导入:什么是"四史"?

师:同学们,今天毕老师要考考大家,学"四史"究竟学得是哪"四史"?

生:党史、新中国史、改革开放史和社会主义发展史。

(二)结合"新中国史",以小组为单位,讲讲革命先烈的故事。

师:同学们回答得很正确。在新中国成立的道路上,无数的革命先烈抛头颅洒热血,一则又一则的英雄故事激励着我们。接下来我们以小组为单位,一起来讲讲你们所知道的革命故事。

(三)出示活动主题。

师:无数的革命英雄为了新中国的成立抛头颅洒热血,你想用怎样的方式去祭奠他们呢?

生:用鲜花。

师:(出示用彩纸做的"花束")今天这节中,我们就以小组为单位,一起来学习制作花束。(出示课题)

二、学习花束的制作方法

(一)欣赏视频,了解祭奠英烈的主要鲜花种类。

1. 播放视频

师:首先,让我们带着崇敬的心情一起来观看一个视频。

2. 小组讨论

师:请大家以小组为单位,讨论一下在刚才播放的祭奠英烈的视频中,都用到了哪些鲜花?

生:菊花、百合、康乃馨……

(二)分析鲜花的结构、特征。

1. 出示图片,了解鲜花的组成部分:花、茎、叶。

师:在学习制作鲜花之前,我们先要了解一下鲜花的组成。请大家仔细观察图片,看看一朵鲜花是由哪些部分组成的?

生:一朵鲜花是由花朵、叶片和茎组成的。

2. 出示图片,观察比较,归纳不同鲜花的花、茎、叶的特点(形状、颜色、大小等)。

师:回答得很正确。那不同种类鲜花的花、茎、叶各有什么特点呢?

(1)出示图片,分析花瓣的特点和形状。

师:请同学们观察,这些鲜花花瓣的形状有什么特点?形状是怎样的?

生:菊花的花瓣又细又长,会卷曲;百合花的花形像喇叭,花瓣接近椭圆形,花瓣尖端会反卷;康乃馨的花瓣边缘呈锯齿状;郁金香的花瓣是直立的杯状。

师:同学们观察得非常仔细,并且这些鲜花的颜色也是五彩缤纷的。

(2)出示图片,了解叶片的特点和形状。

师:让我们再来观察一下叶片的形状,看看有什么不同?

生:菊花的叶片呈椭圆形,边缘有锯齿;百合花的叶片呈饱满的水滴形;康乃馨的叶片是又细又长的,针形披针叶;香的叶片又宽又厚,像带子的披针叶。

(3) 出示图片,学习茎的特点和形状。

师,最后再来观察一下它们的茎。

生:菊花的茎粗而挺拔;百合花的茎圆柱形,直立;康乃馨的茎直立;郁金香的茎也是直立的圆柱形。

(三) 教学制作方法。

师:根据大家观察到的花、茎、叶的特点,我们可以用哪些方法来制作呢?(出示课件)

1. 示范一朵鲜花的制作方法。

(1) 示范不同花瓣的制作方法:折、剪、卷。

(2) 示范花茎的制作方法:捻、卷。

(3) 示范叶片的制作方法:画、剪、贴。

2. 示范组成花束的步骤。

(1)　　　　　　　　(2)　　　　　　　　(3)

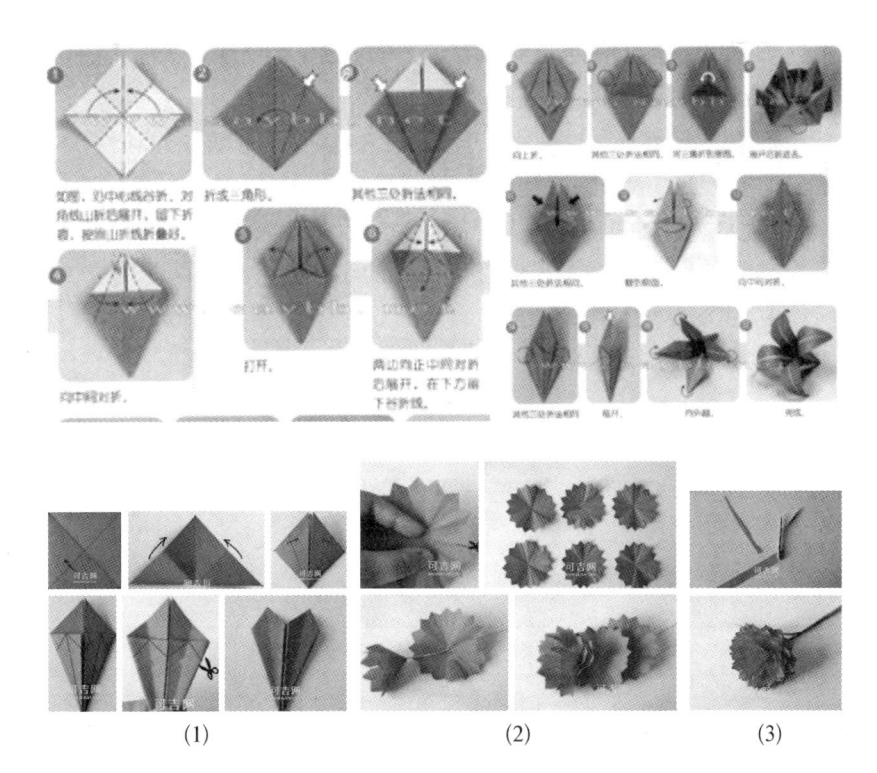

三、小组合作，完成花束的制作

1. 出示活动要求。
2. 提示：小组合作要分工、配合要默契。
3. 教师巡视指导。

四、作品展示、评价

1. 展示作品：将完成的花束插入预先准备好的花瓶中展示。
2. 评价：自评、互评、教师点评。

五、拓展

1. 播放视频：了解在烈士陵园中用鲜花祭奠烈士的流程和应具备的礼仪。

师：在大家的齐心协力下，每一个小组都顺利完成了花束的制作，在下次的活动中，我们将前往龙华烈士陵园，用我们制作的花束，敬献给英烈。让我们再一次带着崇敬的心情,通过视频来学习一下祭奠英烈时的流程和应具备的礼仪。

2. 课后任务:寻找象征着革命烈士的鲜花(有条件可打印)。

师:今天的活动圆满结束了,课后毕老师还有一个小任务要交给大家,请大家利用课余时间去寻找能象征着革命先烈的鲜花花语,你可以记录在本子上,也可以制作成简单的小报进行打印,在下一次的活动中,我们要进行讨论和交流。今天的活动到此结束,下课!

(视频来源:龙华烈士陵园)

第二课时(校外)

课时教学设计

课题	《花儿朵朵向阳开 朵朵深情祭英烈》	课时	1课时
教学目标	1. 能尝试、了解和分析象征革命先烈的"鲜花"花语,以鲜花的形象和几句简单的话语,制作一张缅怀先烈的卡片。 2. 通过祭奠英烈,参观、分析讨论、交流与记录,制作一张缅怀卡。 3. 通过每一位学生制作的缅怀卡,用花语象征革命先烈,用崇敬之语告慰先烈,进一步提升学生的爱国主义情怀,树立为国之昌盛努力学习,不断奋进的决心。		
教学重点	能综合运用美术技能,跨学科地完成一张缅怀卡的制作。		
教学难点	理解象征革命烈士的花语,并跨学科地制作缅怀卡。		
教学资源	龙华烈士陵园、范例、绘画工具、彩纸、固体胶。		

主要教学活动设计

活动序号和活动名称	活动一:祭奠英烈
活动目标	缅怀先烈,铭记历史,提升爱国情怀,树立为国之昌盛而努力学习的决心。

续 表

活动任务	将小组合作完成的花束祭奠英烈。
关键问题	1. 你是带着怎样的心情祭奠英烈的? 2. 你有什么体会?
活动资源	龙华烈士陵园。
活动序号和活动名称	活动二:参观烈士陵园展示厅,学习革命烈士的事迹(落实重难点的活动)
活动目标	通过参观、交流,了解学习革命烈士事迹,缅怀先烈,铭记历史。
活动任务	学习革命烈士事迹。
关键问题	1. 你知道有哪些为解放上海而英勇牺牲的烈士? 2. 学习了烈士们的英雄事迹,你的体会是什么?
活动资源	龙华烈士陵园。
活动序号和活动名称	活动三:分析象征革命先烈的鲜花和花语(落实重难点的活动)
活动目标	通过讨论、交流,能理解象征革命先烈的花语含义。
活动任务	知道象征革命烈士的鲜花和花语。
关键问题	1. 象征革命先烈的鲜花有哪些? 2. 这些鲜花的花语含义是什么?
活动资源	龙华烈士陵园、课前收集的资料。
活动序号和活动名称	活动四:学习制作缅怀卡(落实重难点的活动)
活动目标	知道缅怀卡的特点,学习制作方法。
活动任务	制作一张缅怀卡。
关键问题	缅怀卡和普通的贺卡有什么不同? 它的特点是什么?
活动资源	龙华烈士陵园、卡纸、绘画工具、剪刀、固体胶、垃圾袋。
活动序号和活动名称	活动五:缅怀卡展示交流、活动小结
活动目标	通过活动,使学生不仅在美术技能运用上得到提高,同时完成一次爱国主义教育。

活动任务	展示交流缅怀卡,分享体会。
关键问题	这次活动中,你最大的收获是什么?
活动资源	龙华烈士陵园、纪念册。

附:教学详案
一、献花束,祭奠英烈

(一)按照小组进行花束祭英烈的仪式。

(二)思考:你是以怎样的心情祭奠英烈的,有什么体会?

师:在庄重、肃穆的气氛中我们完成了祭奠英烈的仪式。我想问问大家,在祭奠英烈的过程中你的心情是如何的? 有哪些体会呢?

(三)学生交流

生:我是带着崇敬的心情祭奠英烈的。

生:我感觉现在的幸福生活是由许许多多的革命烈士献出了自己宝贵的生命换来的,我们要珍惜。

二、参观学习烈士事迹并收集素材

（一）参观烈士陵园，分析象征革命烈士的鲜花和花语。

1. 带领学生参观展示厅，了解革命烈士的事迹，并作好记录。

师：同学们，你们知道有哪些为了解放上海而英勇牺牲的烈士吗？今天，我们来到龙华烈士陵园，让我们带着对英烈们的崇敬和缅怀，一起走进展示厅学习他们英雄的事迹，铭记历史，不忘初心。

（边听讲解，边参观学习，着重讲解革命烈士的事迹）

2. 学生认真参观、聆听讲解，也可以请学生朗读烈士的事迹，加深感受。

3. 学生选择一到两位烈士，了解他们的英雄事迹，为制作缅怀卡作准备。

师：现在我们来到了革命烈士事迹的展示区，在展示区中以书签的形式陈列着烈士们的英雄事迹，同学们可以选择一到两位烈士的事迹书签,作为今天制作缅怀卡的素材资料。

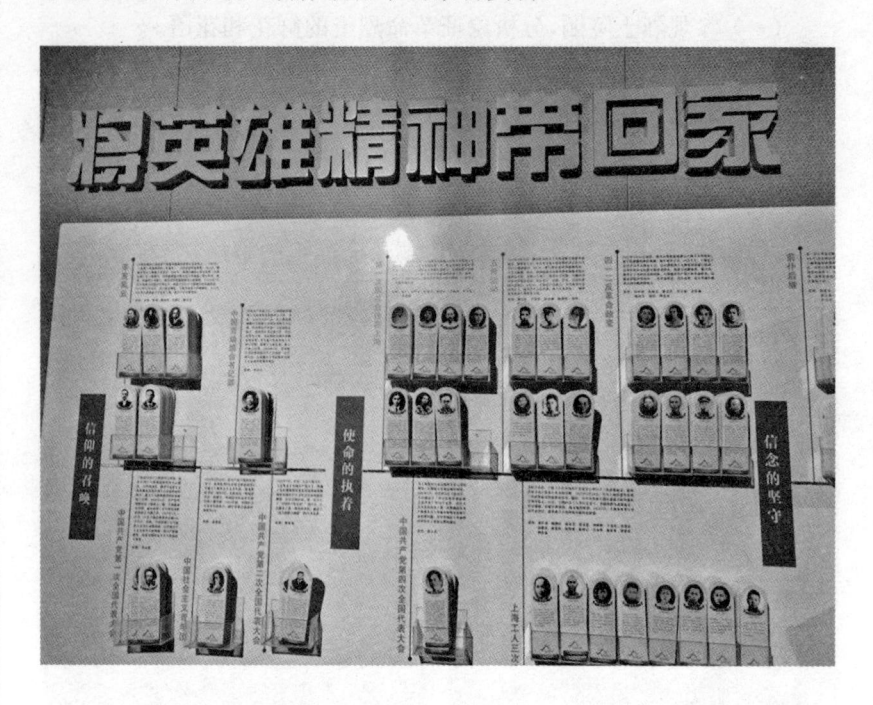

（二）学生选择书签,准备素材。

三、了解花语制作缅怀卡（地点：丹心碧血为人民纪念碑前）

（一）了解象征革命烈士精神的花语。

师：今天我们要制作一张缅怀卡,卡片中需要绘制一朵象征革命烈士精神的鲜花,课前毕老师请大家去寻找和收集了相关的花语,现在我们就一起来交流分享一下吧。

生：剑兰象征性格坚强；千日草象征不朽；桔梗气质高尚；梅花象征傲骨高洁；木莲象征高尚,菊花象征高风亮节,白百何象征纯洁、庄严。

（二）学习缅怀卡的制作方法。

1. 缅怀卡的特点。

师：缅怀卡和我们平时看到的贺卡有什么不同？（出示范例）

生：缅怀卡文字为主，图案为辅，主题突出，卡片风格淡雅、肃穆，而普通贺卡色彩鲜艳，以图案为主，文字为辅。

2. 缅怀卡的制作过程。

教师简单示范：

（1）以鲜花作为卡片的主要图案，绘制在卡片的左侧或者右侧，花朵生动,色彩淡雅,大小适中,也可以采用剪贴的方法表现鲜花。

(2)以崇敬的心情选择一位烈士,写下你想对他说的话,语言简洁、庄重,能表达你的崇敬之情,不写错别字,字迹端正。

(3)缅怀卡制作过程保持安静,产生的相关废纸屑要及时清理干净。

3. 教师巡视指导。

四、缅怀卡展示、交流

(一)学生交流制作的缅怀卡。

师:同学们的缅怀卡都制作完成了,谁来简单介绍一下。

学生介绍缅怀卡。

(二)制作纪念册,赠送给龙华烈士陵园。

师:接下来,我们带着崇敬的心情,将大家制作的缅怀卡整齐的粘贴到这本纪念册中,赠送给龙华烈士陵园。

1. 举行赠送仪式。

2. 拍照留念。

五、活动总结

(一)学生回顾活动,分享体会。

师:今天我们在龙华烈士陵园开展了一次学英雄事迹、做缅怀卡的活动,同学们都表现得非常出色。我想此时此刻大家的心情也是无比激动的,谁来说一说。

(学生交流活动体会)

(二)教师总结。

师:时间过得真快,在同学们的积极参与中,《花儿朵朵向阳开 朵朵深情祭英烈》的活动圆满结束了。同学们通过小组合作,一起完成了花束的制作,今天我们又来到了龙华烈士陵园中,用我们亲手制作的花束祭奠英烈,大家还认真参观了烈士事迹的展示厅,从中学习和了解到许多烈士的英雄事迹,大家都备受鼓舞。接着,同学们还亲手制作了缅怀卡,字里行间中充满了对英烈的崇敬和缅怀。同学们,我们要将今天学到的革命精神融入今后的学习生活中,在缅怀英烈,铭记历史的同时,更要树立为国之昌盛而努力学习的决心,奋发图强,积极进取,争做新时代的好少年!

六、拓展

课后任务:以小队为单位,以此次活动为内容,制作一份图文并茂的活动小报。

信仰的召唤
——从 1911 到 1921
南洋初级中学　蔡亚明

初中历史教学中培养学生的历史学科核心素养,需要教师以历史学科核心素养的五个方面入手:以唯物史观为基础理论,时空观念为核心思维,史料实证为主要方法,历史解释为重要能力,家国情怀为价值取向。博物馆资源为培养学生的历史核心素养提供了丰富的历史课程资源,这就需要学校与博物馆积极合作,推行知行并进的教育理念,鼓励并引导学生参加博物馆学习活动,从而培养学生的历史核心素养。

上海市龙华烈士纪念馆中具有大量的历史史料,以直观的形式给予学生更真实的感受,加深学生对历史的理解,产生情感的共鸣,让家国情怀在学生心中生根发芽。

第一课时(校内)

一、教材分析

上海市初中学生使用的历史教材是由教育部组织编写,人民教育出版社出版的义务教育教科书(五·四学制)《中国历史》(第一—四册)和义务教育教科书(五·四学制)《世界历史》(第一、二册)。其中义务教育教科书(五·四学制)《中国历史》(第三册)的内容与上海市龙华烈士纪念馆的场馆资源具有高度的贴合性,其中义务教育教科书(五·四学制)《中国历史》(第三册)的第三单元：资产阶级民主革命与中华民国的建立、第四单元：新时代的曙光和龙华烈士纪念馆第一个展区：信仰的召唤不谋而合。因此，利用龙华烈士纪念馆的场馆资源，将校内与校外相结合，有利于落实和培养学生的历史核心素养。

二、学情分析

探寻历史事件之间的联系，有助于发现历史发展的内在规律，初中学生在历史课堂上对辛亥革命、五四运动、中国共产党的诞生等已有基本的历史储备，但是学生在把握历史事件之间的联系、提高历史思维能力、发现历史规律、培养家国情怀方面仍有待提高，这就需要教师在课堂之外对学生进行适当的拓展，运用好校内外课堂资源，综合运用多种教学方法，开创多元化的历史教学活动，从而达到培养和提高学生的历史学科核心素养的目标，使学生通过历史课程的学习逐步形成具有历史学科特征的正确价值观、必备品格和关键能力。

三、教学目标

（一）掌握革命先行者孙中山、辛亥革命、中华民国的创建、北洋政府的黑暗统治、新文化运动、五四运动、中国共产党诞生的基本史实。

（二）通过文物解读、史料论证等方式帮助学生理解辛亥革命、新文化运动、五四运动、中国共产党成立之间的联系，探寻历史发展规律。

（三）让学生感知历史，体味仁人志士勇于牺牲的精神，培养学生的家国情怀，树立正确的价值观。

四、教学过程

环节一：《时局图》

这是1898年爱国华侨谢缵泰绘制的《时局图》，1903年12月刊

载于上海《俄事警闻》。其旁题词曰："沉沉酣睡我中华,哪知爱国即爱家!国民知醒宜今醒,莫待土分裂似瓜。"图中熊代表俄国,犬代表英国,蛤蟆代表法国,鹰(即鹫)代表美国,太阳代表日本,香肠代表德国,中国正面临着"亡国灭种"的危机。《时局图》生动形象地反映了封建帝国已沦为半封建半殖民地国家的历史现实,同时也反映了爱国者呼吁中华民族觉醒,挽救民族危亡的爱国之情。请同学们想一想中国近代有哪些救亡图存的爱国运动?(所谓的救亡图存运动是指国家面临生死危难时发起挽救国家的行动。)

由有识高级官僚发动的洋务运动、由地主知识分子发动的戊戌变法、农民阶级的太平天国起义、农民阶级的义和团运动、资产阶级发动的辛亥革命、由爱国青年学生发动的五四运动等。

过渡:这些爱国运动最终实现了救亡图存的目的吗?今天就让我们一起走进上海市龙华烈士纪念馆第一个展厅,一起探究近代中国是如何走出困境,走向成功的。

环节二:辛亥革命——光复上海

中央台有一档节目叫《国家宝藏》,深受大家欢迎。该节目立足于中华文化宝库资源,通过对一件件文物的梳理与总结,演绎文物背后的故事与历史。今天,就让我们走进中国国家博物馆,一起来鉴赏一件宝藏。

原文如下:

奉旨朕钦奉隆裕皇太后懿旨:前因民军起事,各省响应,九夏沸腾,生灵涂炭,特命袁世凯遣员与民军代表讨论大局,议开国会,公决

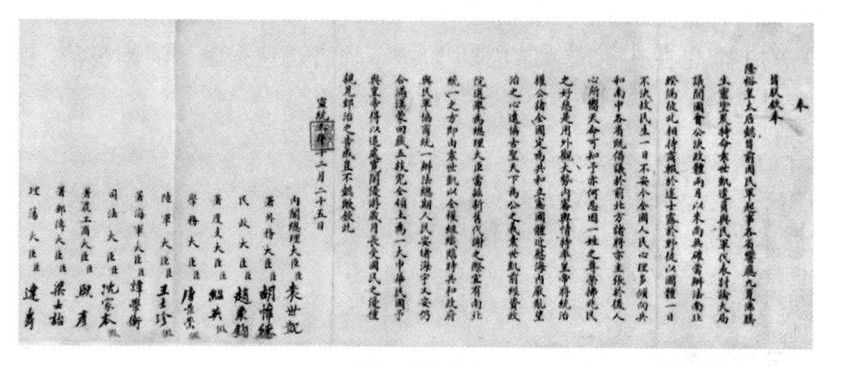

清帝退位诏书

政体。两月以来,尚无确当办法,南北暌隔,彼此相持,商辍於途,士露於野,徒以国体一日不决,故民生一日不安。今全国人民心理,多倾向共和,南中各省既倡议于前,北方诸将亦主张于后,人心所向,天命可知,予亦何忍因一姓之尊荣,拂兆民之好恶?是用外观大势,内审舆情,特率皇帝,将统治权公诸全国,定为共和立宪国体,近慰海内厌乱望治之心,远协古圣天下为公之义。袁世凯前经资政院选举为总理大臣,当兹新旧代谢之际,宜有南北统一之方,即由袁世凯以全权组织临时共和政府,与民军协商统一办法,总期人民安堵,海宇乂安,仍合满、汉、蒙、回、藏五族完全领土,为一大中华民国,予与皇帝得以退处宽闲,优游岁月,长受国民之优礼,亲见郅治之告成,岂不懿欤?钦此。

宣统三年十二月二十五日

问题1:这是什么文物?这里的"朕"指的是谁?宣统三年十二月二十五日对应公历应该是哪一天?

学生答:这是《清帝逊位诏书》。朕指的是宣统帝。公历应该是1912年2月12日。

问题2:"前因民军起事,各省响应,九夏沸腾"。民军起事指的是什么?各省响应,九夏沸腾指的又是什么?

学生答:军民起事指武昌起义。各省响应,九夏沸腾指的是武昌起义后各省纷纷响应,清朝统治土崩瓦解。作为全国经济和文化中心的上海也在其中,上海的资产阶级革命者迅速推翻了清朝统治,上海光复。

1911年底,辛亥革命期间,上海光复军在闸北招募新兵

补充:孙中山先生认为,自武昌起义后,"时响应之最有力而影响于全国最大者,厥为上海。陈英士在此积极进行,故汉口一失,英士则能取上海以抵之,由上海乃能窥取南京。后汉阳一失,吾党以得南京抵之,革命之大局,因以益振。则上海英士一木之支者,较他省尤多也"。

上海光复起义在整个辛亥革命中具有"关键之役"的意义,不仅逆转了袁世凯向革命军反扑的危急形势,一解首义之地武汉三镇之围,而且使上海这座各派力量争夺的城市牢牢地控制在革命党手中,从而为1912年1月1日中华民国的成立献上了一份奠基礼。

问题3:为什么武昌起义后会出现"各省响应九夏沸腾"情况呢?

学生结合所学回答:民族危机深重,清政府"新政"和预备立宪加剧社会矛盾,革命党人的努力。

追问：你知道有哪些革命党人做出了哪些努力吗？

邹容(1885—1905)，四川巴县(今重庆)人。早年留学日本，接受资产阶级民主思想。1903年回到上海，加入爱国学社，其间完成《革命军》一书。同年，因"苏报案"被会审公廨判永远监禁。1904年，改判为两年监禁。1905年病逝于提篮桥监狱。

秋瑾(1875—1907)，浙江绍兴人。早年留学日本，1905年，先后加入光复会、同盟会。1907年在上海创办《中国女报》，同年任绍兴大通学堂督办，后往来于沪浙等地，组织光复军，策划反清起义。7月被清政府逮捕，15日就义于绍兴轩亭口。

邹容(1885—1905)和《革命军》　　秋瑾(1875—1907)

建立革命组织。如1894年，第一个资产阶级革命团体兴中会建立；1905年，第一个资产阶级革命政党同盟会建立，孙中山提出"三民主义"。

领导武装起义。如1911年4月广州黄花岗起义，鼓舞了全国人民的斗志，加速了革命进程的发展。

教师补充：鸦片战争后上海成为通商口岸，经济畸形发展，客观上也使上海成为全国的经济和文化中心。中国的革命志士汇聚在上海，学习各种西方理论，寻求救国道路。

邹容、秋瑾、宋教仁等一批资产阶级革命者都在上海留下了革命的足迹。邹容自称"革命军中马前卒"，他撰写的《革命军》一书，先后在世界范围内翻印29版，发行超过100万册，对当时民主思想的传播影响巨大。

总结：武昌起义的爆发有其偶然性，但是革命的发生却是历史的必然。"军民起事，各省响应，九夏沸腾"，清王朝统治土崩瓦解，民主共和的大潮终于冲破了封建专制的堤坝。

问题4："予与皇帝得以退处宽闲，优游岁月，长受国民之优礼，亲见郅治之告成，岂不懿欤？"辛亥革命后，能够实现"郅治之告成"吗？

学生回答：不能。1912年1月1日，中华民国在南京建立。2月15日，南方的临时参议院选举袁世凯为临时大总统。袁世凯夺取革命果实后，逐步建立起北洋军阀的独裁统治。

过渡：中华民国建立后，未能在较短的时间里重建社会秩序，很快便陷入种种混乱中。对于这段历史，鲁迅在《南腔北调集·〈自选集〉自序》中曾深有感触地说过："见过辛亥革命，见过二次革命，见过袁世凯称帝、张勋复辟，看来看去，就看得怀疑起来，于是失望、颓唐得很了。"这些令人痛心的社会现象，激发了一些先进爱国分子的深沉思考。一些先进的中国知识分子认为共和制度之所以不能真正实现，是因为中国缺少一场对封建旧礼教、旧道德、旧思想、旧文化的批判，于是他们开始从思想上寻求救亡图存的办法。1919年，中国在巴黎和会的外交失败，引发了一场彻底的反帝爱国运动——五四运动。工人阶级展现了强大的力量，马克思主义广为传播，共产党早期组织相继成立。1921年7月，中国共产党诞生，中国革命的面貌焕然一新。马克思主义在中国的传播成为中国人民救亡图存的坚定信仰，为中国共产党的成立奠定了思想理论基础。

环节三：红色信仰的力量——马克思主义在中国的传播

1848年《共产党宣言》的发表标志着马克思主义的诞生。（马克思主义的三大来源：德国古典哲学，英国古典政治经济学，英法空想社会主义。马克思主义的内容：马克思主义哲学，马克思主义政治经济学，科学社会主义。）1871年法国的巴黎公社运动使马克思主义由理论变成实践，但是巴黎公社只能是无产阶级的一次伟大尝试。1917年11月7日在列宁的领导下俄国取得了十月革命的胜利，建立了世界上第一个社会主义国家,使马克思主义由理想变成现实。"十月革命一声炮响给中国送来了马克思主义",也给灾难深重的中国人带来新的希望,五四后马克思主义在中国广泛传播并成为中国革命的指导思想,那么马克思主义是如何传入中国并在中国广泛传播的呢?

问题1:马克思主义为什么能吸引当时的先进知识分子?

材料一:民国成立后,不单挂出了共和国的招牌,连议会制、多党制、普选等这些西方国家的政治组织形式和活动程序一度也被热热闹闹地搬到了中国来。……在西方国家也许取得过一些成效的政治制度,如果不顾中国国情,一旦硬搬到当时中国社会这块土壤上实行起来,却全然变了样:普选徒具形式;多党制成了拉帮结派,党同伐异;议会里只有一批政客在吵吵嚷嚷……种瓜得豆,这真是创业者史料之所不及的。

——金冲及《五四时期的先进青年为什么选择了社会主义》

材料二:从1914年开始的第一次世界大战延续达四年之久,……这场空前残酷的战争把资本主义世界固有的内在矛盾,以比以往任何时候更加尖锐的形式清楚地暴露出来……这不能不使更多的醉心学习西方的中国人感到震惊。西方的社会制度在他们心目中顿失却原来那种耀眼的光彩……表明了这个制度并非即是永恒的真理和正义的象征。

——金冲及《五四时期的先进青年为什么选择了社会主义》

材料三:俄国的十月革命在马克思主义的故乡欧洲和殖民地半殖民地的亚洲国家之间架起了一座桥梁,马克思主义通过社会主义的俄国开始广泛地传入中国。中国的先进分子从俄国十月革命胜利的事实中认识到了马克思主义的强大威力。"十月革命一声炮响,给我们送来了马克思列宁主义。"

——齐鹏飞《毛泽东思想概论》第一章

材料四:(五四)运动就像从天降落的狂飙一样,迅猛地席卷全国,从大城市一直扩展到中小城市以致偏僻乡镇。千百万人从平时的宁静生活或狭小的圈子中猛然惊醒过来,热血沸腾地走上街头或公共集会,为救亡图存而奔走呼号。"沉默的大多数",不再沉默了!原来处在被统治状态下的民众直接行动起来,干预政治,并且带有如此广泛的群众性,这在中国历史上还是第一回。……一年内出版的刊物达四百种,第二年在全国便有了数目可观的接受马克思主义的先进青年。

——金冲及《五四时期的先进青年为什么选择了社会主义》

学生根据材料总结:

1. 资产阶级共和国方案在中国的破产。
2. 第一次世界大战暴露了西方文明的缺陷。
3. 马克思主义指导俄国十月革命取得胜利。
4. 五四运动推动了马克思主义的传播。

1919年上海工人罢工　　　　　　《劳动界》

教师介绍:上海也是马克思主义引入中国的桥头堡。五四运动后,先进人物汇聚上海介绍和宣传马克思主义。1920年,中国共产党的早期组织——上海发起组成立。发起者正是陈独秀。

过渡:马克思主义为中国革命提供了理论指南,为中国共产党的成立准备了思想基础,有了思想理论的指导后,我们有没有付诸实践?

环节四:历史和人民的选择——中国共产党的诞生

既要革命,就要有一个革命党,没有一个革命党,没有一个按照马克思列宁主义的革命理论和革命风格建立起来的革命党,就不可能领导工人阶级和广大人民群众战胜帝国主义及其走狗。——毛泽东

播放视频"中共早期组织的成立"(2分58秒)

问题1:结合视频、展馆资料、教材等相关内容,概述五四运动后中国先进分子传播马克思主义的方式和重要代表人。

提示:方式:发表文章宣传,翻译著作,成立早期党组织。

代表人物:李大钊、陈独秀、陈望道、李达、李汉俊等。

问题2:综合所学,分析中国共产党成立的历史条件。

(提示:从经济、阶级、思想、组织、外部指导五个方面)

经济条件:民国初年民族工业的发展。

阶级条件:工人阶级力量的壮大并登上历史舞台。

思想条件:马克思主义的传播及同工人运动相结合。

组织条件:陈独秀、李大钊等人的建党活动。

外部条件:共产国际的帮助。

问题3:中共一大的召开(填写表格)

时间	1921年7月
地点	上海—嘉兴南湖
代表	毛泽东、董必武、李达等13人
主要内容	革命纲领:奋斗目标是推翻资产阶级政权,建立无产阶级专政,实现共产主义。
	中心任务:领导工人运动
	中央领导机构:陈独秀任中央局书记
标志	中国共产党诞生

总结:中共一大,宣告了中国共产党诞生了。中国共产党的诞生,是中国历史上开天辟地的大事。自从有了中国共产党,中国革命

的面貌就焕然一新了。

五、课堂小结

近代民主思想的演进,既不是一江长流,也不止一个洪峰,而是以一个接一个思潮的涨落相继出现的。——陈旭麓

在近代化的道路上,中国经历了学器物、学制度、学思想,其历史的车轮是循序渐进、曲折向前的。辛亥革命推翻了统治中国两千年的封建君主专制制度,建立了中国历史上第一个资产阶级共和政府,使民主共和的观念开始深入人心。然而革命果实被袁世凯窃取,国人开始反思中国的命运该走向何方。历经新文化运动和五四运动的洗礼,中国一些仁人志士历经千辛万苦终于找到了信仰。马克思主义思想在中国得到广泛传播为中国共产党的诞生提供了思想基础和理论来源,中国共产党的成立使中国革命的面貌焕然一新,点亮了中国。

第二课时(校外)

一、教材分析

"龙华千古仰高风,壮士身亡志未穷。墙外桃花墙里血,一般鲜艳一般红。"龙华烈士陵园作为全国重点文物保护单位和重点烈士纪念建筑物保护单位,集中展现了256位英雄人物的生平事迹,其中二楼大厅的第一个场馆——信仰的召唤,该展区分为辛亥风云、中共一大、中国社会主义青年团、中国劳动组合书记部和中共二大五个单元;主要人物有:李汉俊、俞秀松、李启汉、蔡和森等。其展示的历史背景为1840年鸦片战争以来,中华民族面临内忧外患,中国的仁人志士一直在寻找救国之路,从太平天国、戊戌变法到辛亥革命,都以失败告终。1919年,中国爆发了五四运动。参加五四运动的知识分子高举民主与科学的大旗,开始用马克思主义来思考国家的命运。

二、学情分析

学生在第一课时基本掌握了辛亥革命、马克思主义在中国的传播、中国共产党诞生的相关知识点,同时也把握了三个事件之间的关联,但是缺乏直观的感知和理解历史的能力,这就需要老师引导学生走进博物馆,尽可能地还原历史,培养学生的家国情怀。

三、教学目标

让学生走进博物馆,回顾历史,走进英雄,感知中国仁人志士为救亡图存所付出的努力,培养学生的家国情怀。

四、教学过程

环节一:小小讲解员

邀请同学们讲解光复上海的过程,请同学们发表感想。

环节二:寻找历史人物

请同学们在博物馆中找一找为传播马克思主义作出巨大贡献的英雄们,并简述其历史贡献。

环节三:历史小话剧——英雄汇聚,开天辟地

请同学们以话剧的形式表演中共一大召开的场景,感知共产党成立的艰辛过程和仁人志士的坚定信仰。

牢记初心,执着使命
——国民大革命在上海

龙苑中学　杨润华

第一课时(校外)

一、教材分析

"龙华千古仰高风,壮士身亡志未穷。墙外桃花墙里血,一般鲜艳一般红。"龙华烈士纪念馆展陈256位英雄人物的生平事迹,使用照片1 500余张、实物400余件,油画、国画、螺钿、铜版、漆堆、玻璃刻画等各种艺术品百余件,并辅以多种先进的陈展技术集中展示。第二部分"使命的执着"展区陈列了第一次国共合作在上海、中共四大、五卅运动、上海工人三次武装起义、四一二反革命政变五个单元。在这一展区通过照片、模型、实物、场景再现以及螺钿画等突出展示了一些重要历史人物和史实,渲染了革命烈士们的英勇事迹。尽管第一次国共合作以遭受叛变告终,但层出不穷的革命英雄们却始终牢记初心,执着坚守自己的使命。

作为全国重点文物保护单位和重点烈士纪念建筑物保护单位,集中展现了256位英雄人物的生平事迹,其中二楼大厅的第一个场馆——信仰的召唤,该展区分为辛亥风云、中共一大、中国社会主义青年团、中国劳动组合书记部和中共二大五个单元;主要人物有：李汉俊、俞秀松、李启汉、蔡和森等。其展示的历史背景为1840年鸦片战争以来,中华民族面临内忧外患,中国的仁人志士一直在寻找救国之路,从太平天国、戊戌变法到辛亥革命,都以失败告终。1919年,中国爆发了五四运动。参加五四运动的知识分子高举民主与科学的大旗,开始用马克思主义来思考国家的命运。

二、学情分析

这一单元与校内《北伐战争》一课的内容息息相关,在学生学习《北伐战争》以前,可以安排学生到龙华烈士陵园纪念馆参观,认识第一次国共合作在上海的部分史实,也能立足于历史长时段加强学生对第一次国共合作的把握。学生对博物馆、纪念馆资源接触不多,既有新鲜感,又能在校内学习之前有一个比较深的印象,增加校内学习的兴趣。

三、教学目标

馆校合作,以实地体验、参观博物馆(纪念馆)的形式向中学生讲述历史,结合龙华烈士的事迹让学生更深切地感悟历史,感悟烈士英雄们的初心与使命。

四、教学过程

环节一:诗词朗诵

师:同学们,今天我们一起来参观龙华烈士陵园纪念馆,20世纪二三十年代,这里曾是共产党人为民族的独立和解放抛头颅、洒热血的殉难地,一大批共产党人用自己的生命诠释了信仰的力量,罗亦农、彭湃等1 700多名革命先烈长眠在这里。英烈的故事流传百年,诗歌传唱也跨越百年,让我们来共同感受一下。

师:请同学们朗诵导学案上的诗歌。

学生朗诵。

环节二:大事年表

师:在诗歌朗诵以后,相信大家更想知道在龙华发生的英烈故事,让我们一起走进纪念馆,走进这些英烈的世界。请大家在参观纪念馆的过程中,利用纪念馆的馆陈资料,完成导学案中的大事年表。

老师将会在一楼等待大家。

学生参观纪念馆,集中利用第二部分"使命的执着"展区陈列填写导学案的大事年表。

师:相信大家在参观完以后,对于第一次国共合作也有了一定的认识。在这次合作中涌现了一批批悍不畏死的共产党人和工农革命英雄,哪些英雄事迹或纪念馆展陈让你印象最为深刻呢?

环节三:革命英雄茶话会——我为英雄代言

师:在导学案中,我为大家留下了一个活动。参观过程中,哪位英雄人物让你印象深刻?如果要评选"最让人难忘的烈士",有没有哪位同学愿意在其他同学面前为这位英雄代言,做一段简短的"代言广告"呢?

五、小结

师:相信通过这次参观和我们的活动,大家已经初步了解了第一次国共合作,也了解了从国共合作到大革命破裂失败,革命中涌现的一批为初心与使命勇于斗争、不惜牺牲生命的英烈们值得我们走近,更值得我们铭记。

第二课时(校内)

一、教材分析

对应人民教育出版社《中国历史》第三册第15课《北伐战争》。

二、学情分析

初中学生七年级才刚开始接触历史,到八年级时,初中历史课程的学习已由一年多时间,具备了一定的自学能力、分析能力和概括能力,同时也具备一定的资料收集整理能力,但理性思维不够成熟,看问题欠周到,注意力难以长时间集中,所以教学过程中要采用多样化的教学方法,结合课内外教学资源,以直观生动的方式带领学生学习历史。

三、教学目标

了解中共三大、国民党一大、黄埔军校的建立、北伐战争的主要进程等基本史实,了解南京国民政府的成立。

引导学生收集国共合作相关知识,使其获取有效历史信息,掌握分析历史史实的方法,让学生以小组为单位,分析总结国共合作的原因、过程与结果,培养学生的综合分析能力和合作探究的能力。

让学生感受大革命时期英雄们"天下兴亡匹夫有责"的爱国主义情感,激发学生的爱国热情。通过了解国共合作最终破裂的史实,使学生们了解中国革命的艰巨性和曲折性,培养学生为理想而奋斗的坚强意志。

四、教学资源

人民教育出版社《中国历史》第三册 2020 年 1 月版
中国地图出版社《中国历史地图册》第三册 2019 年 12 月版
龙华烈士陵园纪念馆陈列展览第二部分"使命的执着"

五、教学过程

导入:上海是中国共产党的诞生地,也是中国革命的圣地,上海不仅见证了辛亥革命以来中国的内忧外患,见证了中国共产党的诞生,更见证了中国共产党诞生以来所有共产党人为了实现救国使命所作出的一切努力与牺牲。1923 年 6 月,中国共产党召开三大,正式决定与国民党合作,共产党人以个人身份加入国民党,建立革命统一战线,此后开始了轰轰烈烈的国民革命,1924—1927 年也被称作国民革命时期,那么国命革最终面临怎样的历史走向呢?让我们一起走进龙华烈士陵园纪念馆的第二个陈列展厅,一起进入本课的学习《北伐战争》。

环节一：第一次国共合作启动

1924年5月，国民党上海执行部在孙中山寓所（今孙中山故居）举行庆祝孙中山先生就任非常大总统三周年纪念活动，出示龙华烈士陵园纪念馆动态展示图"纪念活动合照"。

1924年5月，国民党上海执行部在孙中山寓所（今孙中山故居）举行庆祝孙中山先生就任非常大总统三周年纪念活动。

教师提问：原本两个完全不同的党派内的一些重要代表人物，为什么会出席同一个纪念活动呢？他们之间的关系又为什么会发生变化？

出示材料：

材料一：工人阶级尚未强大起来，自然不能产生一个强大的共产党——一个广大群众的党，以应目前中国革命之需要。……依中国社会的现状……中国现有的党，只有国民党比较是一个革命的党。

——中共三大宣言

材料二："国民党正在堕落中死亡，因此要救活它，就需要新的血液。……盖今日革命，非学俄国不可……我党今后之革命，非议俄为师，断无成就。"

——孙文

教师：这一场景是建立在国共两党合作的基础上的，在上一课参观龙华烈士陵园纪念馆以后,我们已经知道了国共合作的基本史实,但历史要知其然还要知其所以然。因此,让我们首先来分析国共两党能够达成合作的原因。大家先看屏幕,屏幕上老师给大家列举了两段文字材料,请大家根据两段材料和教材第70页第一段正文,以小组讨论的形式,分别从国共两党自身出发来分析两党能够进行合作的原因。

1. 中共三大

师:好,时间差不多了,我们先请中共代表团的同学来回答一下,你们为何要合作。

生:(回答。)

师:回答得非常好,刚刚这位同学提到了京汉铁路大罢工的失败,从这次失败中我党认识到:单枪匹马不能取得革命的胜利,必须团结一切可能的同盟者,才能战胜强大的敌人。所以,刚刚成立的共产党需要寻找盟友,团结一切可以团结的革命力量,而恰恰当时中国的政党中,国民党还是一个比较革命的政党。于是在这种认识的指导下我党于1923年6月在广州召开了中共三大。

会议决定:(学生回答)。合作的方式:(学生回答)。

这就为第一次国共合作的实现,为国民革命的到来作了准备。

2. 孙中山认识到必须改组国民党

师:而在国民党方面为何也会选择合作呢?我们请国民党代表团的同学来回答一下。

生:(回答。)

师:回答得非常好,孙中山在辛亥革命之后,为了反对北洋军阀的统治,先后领导过"二次革命""护国运动"和"护法运动"等一系列重要斗争,但屡战屡败,孙中山意识到必须重新建立一个团结的领导核心,输入新鲜的血液,这时他正好看到了俄国十月革命的成功,在以俄为师的感悟下孙中山接触到了李大钊等我党早期领导人。经过深思熟虑,于是决心联合共产党,对国民党进行改组。改变脱离群众、依靠军阀进行革命的倾向,走新的革命道路。

3. 共产国际的促进作用

师：而在这次合作中，还有一个不能忽视的客观条件就是共产国际在其中的促进作用。

环节二：第一次国共合作实现

师：所以在这么多原因的共同促进下，第一次国共合作最终实现。标志就是国民党一大的召开。大家迅速阅读课文第 70 页第二段正文了解国民党一大的基本内容。

生：回答(时间、地点、主持者、中共的与会代表，主要内容等)。

师：在国民党一大的主要内容中我们看到了新三民主义这一说法，那么新三民主义是什么主义呢？我们通过新旧三民主义的对比来分析一下，(幻灯片)我们可以看出新三民主义中更加明确地将反帝反封建提出来，而中国共产党在民主革命阶段的纲领是什么？反帝反封建。我们可以看出国民党的新三民主义与我党在民主革命阶段的纲领基本一致，因此新三民主义成为国共合作的政治基础。而国民党一大也就成为国共合作实现的标志。

1. 黄埔军校

师：在国共合作实现之后，直接的成果就是创办了我国第一所培养革命军队干部的军官学校。

师：下面请同学们看书，自己归纳黄埔军校成立的时间、地点、名称、领导人、目的及作用分别是什么？

生：(看书并回答，答略。)

师：在黄埔军校的领导层中大家特别注意政治部主任是谁？对，就是意气风发，当时年仅 26 岁的周恩来。

师：请同学们注意：周恩来是以什么身份加入黄埔军校的？

生：以共产党身份加入的。

师：很好。可见黄埔军校的性质是一所国共合作之下的军官学校。

师：那么，孙中山为什么要创办黄埔军校呢？请大家看当时孙中山办黄埔的办学宗旨：(展示)"开这个军官学校，独一无二的希望就是创造革命军,来挽救中国的危亡!"

生:(回答。)

师:说得没错,孙中山先生认识到过去自己进行革命斗争过程中,所依靠的对象只是旧军阀,始终没有自己的革命军队,这是革命失败的原因之一,所以他希望通过黄埔军校创造革命军,挽救中国的危亡。请同学们一起来看黄埔军校门上的这幅对联:上联——"升官发财请往他处",下联——"贪生怕死勿入斯门",横批——"革命者来"。

师:从办学宗旨和校门口的对联可以看出:黄埔军校是比较注重对学生的政治思想教育的,也正是因为重视思想教育,使得黄埔军校毕业的学生不仅有着比较高的军事素养,同时也具备比较坚定的政治素养。由此我们归纳出黄埔军校创立的作用是……?

生:(回答。)

师:为国民党为共产党都培养了大批的优秀的军事政治人才。1955年,中华人民共和国授衔的十大元帅中就有四人在黄埔军校学习或任职过,分别是聂荣臻、叶剑英、林彪(黄埔四期的毕业生)、徐向前(黄埔一期),将军以上的就有31人,因此黄埔军校被称为"将军的摇篮"。

环节三:北伐战争与工农革命运动

师:有了人才,有了军队,再加上有武器、粮食等方面的准备,北伐战争的枪声终于打响了。这场战争将国民革命推向高潮。

师:大家阅读课本能从中获取到关于北伐战争的哪些信息?(教师可适当做些提示,如北伐战争的总司令是谁?北伐正式开始于什么时候?出发的地点是?(掌握广东国民政府所在地与北洋军阀控制地区二者的方位,以便更好地理解"北伐"名称的由来。北伐的目的、主要对象、北伐中的主要战役有哪些?)

生:(回答简略。)

师:现在请同学们一起来分析一下战前双方的形势。

军　阀	控　制　地　区
吴佩孚	湖南、湖北、河南和直隶的一部
孙传芳	江苏、江西、安徽、浙江、福建
张作霖	黑龙江、吉林、辽宁、热河、山东、察哈尔和直隶

师：吴佩孚占领了中国中部的湖南、湖北、河南和直隶（陕西和河北）的一部地区，兵力有20万；孙传芳占领了中国东南部的江苏、江西、安徽、浙江和福建一带，兵力也是20万，号称为五省联帅；而被称为东北王的张作霖则占领了中国东北部的黑龙江、吉林、辽宁、热河、北京和天津地区，兵力有35万。而北伐军只控制中国南部的广东、广西两省和湖南的一部分，兵力仅10万。我们从中知道三派军阀和国民革命军的力量对比是怎样的呢？

生：（敌强我弱。）

师：而敢以10万人去讨伐数倍于自己的旧军阀也体现了当时北伐军的革命大无畏精神，更体现了北伐军摧毁旧社会、拯救民族于水火的民族担当。

师：当然在敌强我弱的形势下，也要讲策略。同学们，你们说国民革命军该如何打？是不是停下来继续招募更多的革命军，然后再打？还是有其他战略方针呢？那应该先打哪个？强的还是弱的？

生：弱的。集中优势兵力各个击破。

师：大家还要注意地理位置，谁离广东国民政府最近？

生：（回答。）

师：非常正确。先打离广东国民政府比较近的军阀，然后再打离得远的军阀。所以北伐军根据双方的力量对比和敌人内部矛盾的情况，制定了集中优势兵力、各个击破敌人的作战方针，先进攻力量最为薄弱的吴佩孚主力；然后挥师向东，消灭孙传芳，最后北上进攻实力最强的张作霖。在这个作战方针指导下，北伐军是如何进军的？

师：现在请一位同学来简单介绍一下。

生：（回答。）

师：（联系北伐战争形势示意图，让一个学生指出北伐战争的路线。）第一条路线：北伐军从广东出发，经过湖南、湖北，在湖北打了汀泗桥和贺胜桥战役，沉重打击了敌军。在武昌消灭了吴佩孚主力。这里特别要提一下北伐名将叶挺，作为北伐的先锋，第四军叶挺独立团中，有85％官兵为共产党员、共青团员，他们作战勇敢，不畏牺牲，正是他们为第四军赢得铁军的称号。为了更好地展现铁军的风采，我们有四位同学准备了历史情景剧《武昌战役前夕》，大家欢迎。

学生表演（略）。

师：刚刚四位同学表演得十分传神，仿佛让我们真的置身于那个舍生忘死、激情澎湃的时刻，大战欲来，明天是生还是死，对于铁军战士们来说一切未知，但是舍一人一家之团圆，救民族于危亡，谋中国千家万家之幸福前程。这些战士虽不舍，但这信念却从未动摇过，这就是习主席教导我们时刻铭记的家国情怀。

师：消灭了吴佩孚主力后，北伐军接着向东进攻，在江西消灭了孙传芳的主力，继续攻打到南京。另一路北伐军由福建打进浙江，一直打到上海。1927年4月，挥师北上攻打张作霖的军队。不到半年，北伐军就如秋风扫落叶一般扫荡了大江南北的军阀势力。把革命势力从珠江流域发展到了长江流域。

师：而在北伐胜利进军的同时，工农运动也在蓬勃发展，在共产党领导下，湖南、湖北、江西等省广大农村，到处燃起革命的烈火。

出示龙华烈士陵园纪念馆上海三次工人武装起义有关资料。

教师讲解：为了配合北伐，在城市里，上海工人在中国共产党的领导下先后发动三次武装起义，前两次因准备不足而失败，1927年3月，上海工人第三次武装起义取得胜利，并迎接北伐军进入上海，随后选举建立了工人阶级领导的市民政府，书写了中国工人运动史上光辉的一页。

师：刚刚我们说到短短半年时间北伐就取得巨大成功，那这是为什么呢？在思考这个问题前，大家可以先思考一下，一般我们分析战

馆校融合　知行并进

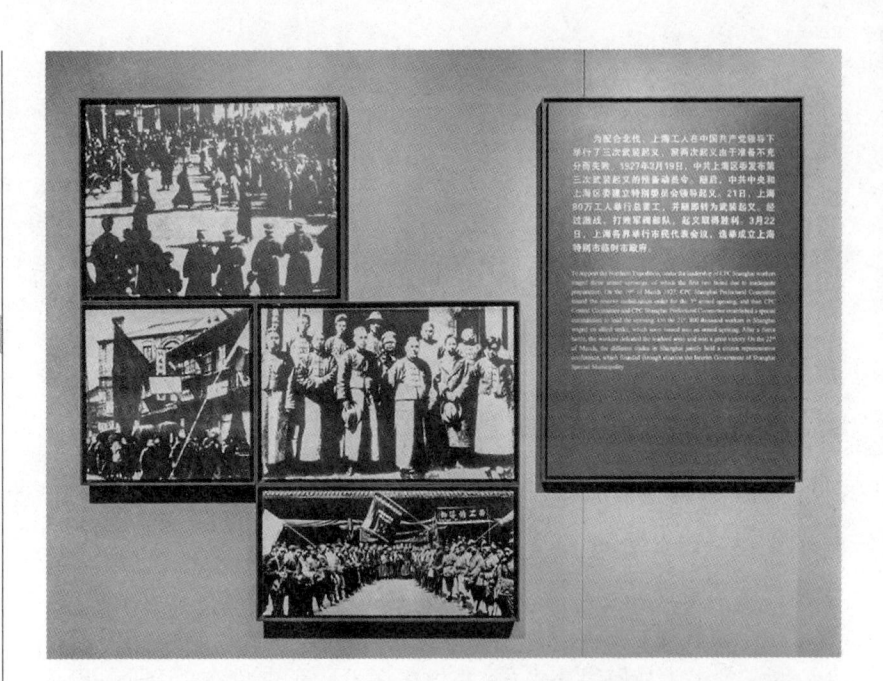

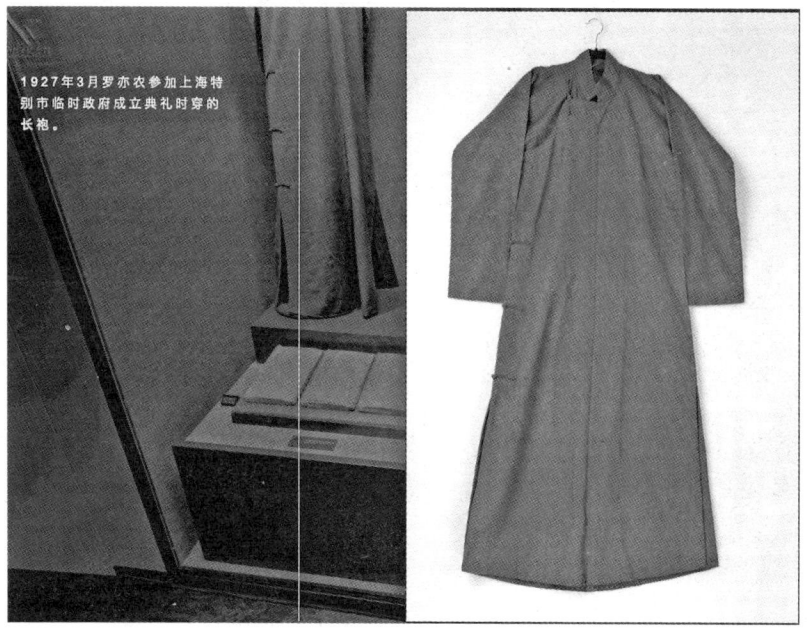

1927年3月罗亦农参加上海特别市临时政府成立典礼时穿的长袍。

牢记初心,执着使命

争胜利的原因可以从哪几个方面考虑?

师:(1)战争的正义性;(2)军队的作战方针是否正确;(3)各方面配合是否得力,官兵作战情况;(4)是否得到人民群众的支援、外援等。

学生讨论并回答。

环节四：国民党反对派叛变革命

结果：国民党反对派叛变革命，大革命失败。

师：北伐胜利进军，国民革命一时风起云涌，但是国民革命的发展是否就一帆风顺，它最终能否取得胜利？

生：没有胜利！

师：意想不到的事情发生了。发生了什么呢？

生：蒋介石、汪精卫叛变革命。

师：大家先来看一看在龙华烈士陵园的"四一二殉难者"纪念雕塑广场，了解下"四一二反革命政变"。

师：因为北伐的节节胜利，特别是工农运动的蓬勃发展一方面展现了人民群众和共产党的巨大力量，但同时也让大资产阶级、大地主感到深深的恐惧，于是在帝国主义的支持下蒋介石和汪精卫利用自己手里掌握的大量武装，用欺骗屠杀的手段对革命群众动了手，对中

国共产党动了手,这就是"四一二政变"和"七一五政变"。一时之间,大批优秀的共产党员和革命的群众躺在了血泊之中,我党早期的优秀领导骨干汪寿华等同志也惨遭杀害,而之前一直以国民党左派面目伪装自己的汪精卫等人甚至公开叫嚣:"宁可错杀一千,不可使一人漏网"。在上海也发生了宝山路血案等多起共产党人、革命群众被残害事件。至此,第一次国共合作也随之破裂,轰轰烈烈的国民革命失败。

师：蒋介石叛变革命后，距离他发动"四一二反革命政变"仅仅过了6天后，他就在南京成立国民政府。让我们一起来了解一下这是个怎样的政府。请同学们自己阅读课本找出该政府成立的时间、地点以及性质是什么？

生：（自主学习。）

师：通过分析南京国民政府实行的对内对外政策，我们认为中国人民反帝反封建的革命任务完成了吗？中国半殖民地半封建的社会性质改变了吗？

生：没有。

师：正因为北伐的民主任务未完成，中国的社会性质也没最终改变，所以我们说国民革命最终是失败了。

师：南京国民政府成立后，使当时的中国出现"三足鼎立"的局面，即汪精卫的武汉国民政府、蒋介石的南京国民政府、张作霖的北洋军阀政府。1927年，武汉国民政府和南京国民政府合并，合并后的南京国民政府进行了北伐，张作霖败退到东北，后被日本侵略者炸死，少帅张学良不顾日本侵略者的反对，从国家和民族利益出发，归顺了南京国民政府。至此，南京国民政府形式上统一了全国。

六、课堂小结

我们看到旧军阀在北伐中被打垮，但是又出现了以蒋介石为代表的新军阀。北伐并没能最终改变中国半殖民地半封建社会的性质，所以我们才说国民革命最终失败了。直到1949年，中国共产党领导的人民解放战争最终取得胜利，推翻了南京国民政府的统治，才最终完成了反帝反封建的任务。所以我们以前常说的"只有共产党，才能救中国"不是一句空口喊出来的苍白口号，而是在中国近代革命史当中，共产党人用无数同志的血与泪书写出来的。大革命虽然让我们党的革命事业暂时受挫，但是年轻的共产党人觉醒了，懂得了枪杆子的重要性。于是，党中央才把毛泽东关于"枪杆子里面出政权"的报告摆到了会议桌上，1927年8月1日，中国共产党人发动了震惊中外的南昌起义,打响了中共领导下武装反抗国民党反动派的第一枪,中国革命迎来了新的篇章。

第三课时(校外)

一、学情分析

学生通过第一、二课时的参观与学习,已经基本了解了第一次国共合作、上海工人三次武装起义、"四一二"反革命政变等史实,同时也掌握了第一次国共合作的基本过程与背景原因。但对于第一次国共合作以及中国共产党员对使命的执着坚持缺乏更直观、更具冲击力的认识,充分利用校园外资源可以加深学生的理解和感悟。博物馆资源是对学校教育的补充,也是对学生的再教育实践,能让学生在校园学习历史认识之余,形成和加深学生的爱国主义情怀。

二、教学目标

以实地体验、自创剧本、历史剧本演绎的形式向中学生讲述历史,让中学生参与历史剧本创作,学会感悟历史,形成对历史史实的感性认知,培养家国情怀。

三、教学过程

环节一:我来写我来演

学生需根据第一课时参观经历与第二课时课堂教学,结合课外资料,自行编写创作有关龙华烈士的历史剧本,由教师辅助修改,最终在纪念馆呈现。

环节二:我们的使命

第二展厅名为"使命的执着",请同学们结合纪念馆的参观过程和历史剧本的创作及演绎过程,畅所欲言"我们的使命"是什么?未来你能为实现"我们的使命"做些什么?

附：
导学案
一、诗文朗诵

龙华千古仰高风，
壮士身亡志未穷。
墙外桃花墙里血，
一般鲜艳一般红。

二、大事年表

1923年6月，（会议）召开，决定共产党员以个人身份加入国民党。

1924年1月，（会议）召开，国共两党合作正式建立。

1925年1月，（会议）在上海召开，通过了《对于民族革命运动之决议案》等14个文件，以迎来大革命高潮的到来。

1925年，董亦湘领导发动（革命运动）。邓中夏领导参加（革命运动）。

1925年5月，因工人（姓名）在罢工中被开枪打死，（革命运动）爆发。

1925年6月，中国共产党第一份日报（报纸名）诞生，主编为瞿秋白。

五卅惨案当天，被枪杀的有（姓名）、（姓名）、（姓名）等人。

1926年10月，上海工人爆发（次数）武装起义。

1927年3月，为了配合（"事件"），上海工人第三次武装起义爆发，最终（结果），成立了（政府）。

1927年4月，蒋介石发动（政变），大肆屠杀共产党人和工农群众，大革命遭到失败。

政变发生后，（姓名）、（姓名）、（姓名）等人先后被捕，于龙华就义。

三、我为英雄代言

在参观纪念馆的过程中，请同学们选择一位你印象最为深刻的革命英雄，为他（她）做介绍，介绍形式可自由选择。

光的反射应用
——全息投影

南洋初级中学　韩唯伟

一、学情分析

本节课是沪教版初中物理八年级第一学期第二章第二节《光的反射》的内容。本节课主要通过学习光的反射定律并了解全息投影的相关原理。本节后续要学习的是光的折射等。因此，本节课是后续学习的基础，学好本节课具有重要意义。

学习本节课内容需要具备的知识有：光的直线传播、光的反射等。

学生在以往的学习中已经掌握了光的直线传播和光的反射等相关原理，对于光的反射定律也有一定的理解，但是对于全息投影还是相对陌生的。因此，本节课的设计主要帮助学生通过对实际案例的分析来了解全息投影的相关原理。

本设计主要从全息投影的案例入手，引发学生思考全息投影的相关原理。帮助学生进行小组合作制作全息投影的装置。为后续学习加强奠定基础。

二、教学目标

（一）知道光的反射定律及全息投影的原理。

（二）小组合作制作全系投影装置。

（三）通过小组实验探究培养学生的合作精神。

三、教学重难点

重点：全息投影的原理。

难点：制作全息投影装置。

四、教学设计思路

本设计的内容包括光的反射定律应用、制作全息投影装置。

本设计的基本思路是：以光的反射定律为基础，引导学生分析全息投影的原理；最后通过小组合作尝试制作全息投影的装置。

本设计要突出的重点是：全息投影的原理。本节课中首先通过观察全息投影的情景，引发学生思考全息投影的原理。其次是在复习了光的反射定律的基础上引导学生进一步分析全息投影的原理。

本节课需突破的难点是：制作全息投影装置。本节课首先实地走访龙华烈士陵园，参观全息投影的英雄事迹；再通过小组讨论，引导学生制定全息投影装置的设计方案；最终通过小组合作制作全息投影装置。

完成本设计的内容约需2课时。

五、教学资源：

亚克力板、胶水、PPT等。

六、教学流程图及说明：

（一）教学流程图

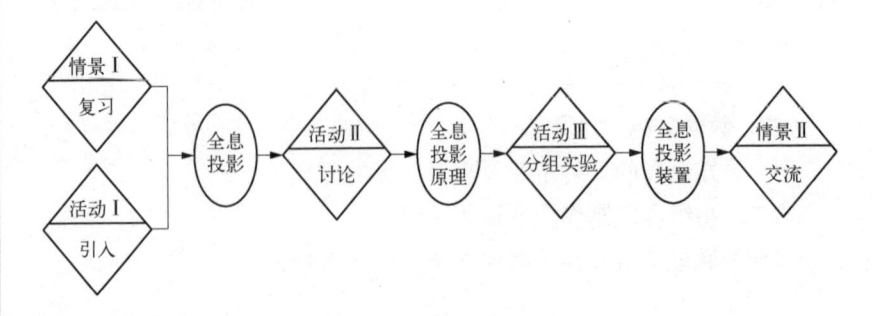

情景Ⅰ 复习 → 活动Ⅰ 引入 → 全息投影 → 活动Ⅱ 讨论 → 全息投影原理 → 活动Ⅲ 分组实验 → 全息投影装置 → 情景Ⅱ 交流

（二）教学流程图说明

情景Ⅰ 复习

光的反射定律。

活动Ⅰ　引入

播放视频：龙华烈士英雄事迹。

活动Ⅱ　交流讨论

引导学生讨论全息投影的原理。

活动Ⅲ　分组实验

小组实验,进行设计并制作全息投影装置。

情景Ⅱ　交流讨论

学生交流讨论本节课所学内容。

七、教学过程：

第一课时：光的反射应用——全息投影(校内)

（一）课题引入

演示实验：全息投影仪器,展示全息投影技术。

师：刚刚演示的是全息投影技术,同学们知道全息投影是什么原理吗？

生：不知道……

师：其实全息投影技术利用的就是我们之前学习过的光的反射原理,今天我们就来一起了解全息投影的原理。

引入今天的课题：光的反射的应用——全息投影

（二）新课教学

复习回顾：光的直线传播相关知识；光的反射基本规律。

师：我们之前已经学习过光的反射定律了,下面请同学们一起来回忆一下光的反射定律。

生：(1)在光的反射中,反射角等于入射角；(2)在光的反射中,反射光线、入射光线、法线在同一平面内；(3)在光的反射中,反射光线、入射光线分居在法线两侧;(4)在光的反射中,光路是可逆的。

在复习过程中帮助学生回忆之前学过的相关知识,为本节课的学习奠定基础。

演示实验:利用透明的亚克力板,演示光在光滑物体表面的反射现象。

师:下面我们来看一个实验,这是一块亚克力板,我们可以利用亚克力板进行光的反射实验。

通过实验,学生初步明白在透明的亚克力板表面可以发生光的反射。

交流讨论:学生交流讨论全息投影的原理

师:那同学们可以进行小组讨论,分析全息投影的原理是什么?

生:可能和光的反射有关。

学生通过交流讨论,尝试解释全息投影的基本原理。

视频播放:观看龙华二十四烈士的英雄事迹

师：下面我们来看一段用全息投影制成的英雄事迹的视频。
生：观看视频。
通过视频观看龙华二十四烈士的英雄事迹，感受全息投影的魅力。

（三）小结
师：同学们交流本节课我们一起学习了哪些内容。
生：交流总结本节课所学习的内容。

（四）布置作业
准备一块透明亚克力板。为下节课的实践操作准备。

（五）板书设计
光的反射应用——全息投影

1. 光的反射规律
2. 应用：全息投影

第二课时：制作全息投影装置（校外）

一、课题引入

观看视频：龙华二十四烈士英雄事迹。

通过观看龙华烈士陵园中二十四烈士的英雄事迹的全息投影，感受科学技术的先进与魅力。

师：同学们知道这是利用了什么技术呈现的吗？
师：同学们还记得全息投影的基本原理吗？
今天我们就一起来动手制作全息投影的仪器吧。

二、新课教学

原理介绍：介绍全息投影的基本原理。
师：我们请同学简单介绍全息投影的基本原理。
生：简单介绍全息投影的原理：主要是利用了初中的知识

点——光的反射等。

器材介绍：介绍制作全息投影仪器的器材。

师：我们今天制作的全息投影的装置需要的器材如下：

向学生介绍制作全息投影仪器的器材：亚克力板、胶水、裁纸刀等。

实践操作：制作全息投影仪器。

师：同学们，我们下面就开始和同伴一起制作全息投影装置吧。

生：学生小组合作制作全息投影仪器。

交流展示：学生展示自己的成果。

师：每个小组都完成了制作，下面我们请每个小组来展示自己制作的装置。

生：学生展示自己小组制作的全息投影仪器，并进行现场演示，分享制作心得。

三、小结

师：同学们交流本节课我们一起学习了哪些内容。

生：交流总结本节课所学习的内容。

四、布置作业

用全息投影仪器拍一段和龙华烈士陵园烈士有关的英雄事迹视频。

五、板书设计

制作全息投影装置

1. 全息投影的原理
2. 制作步骤

附：

制作全息投影仪器相关参数

1. 准备工具和材料：直尺、小刀或剪子、圆规（非必须）、胶带等透明塑料薄膜（不可太软透、光度越大越好，比如手机高透贴膜、一些东西的塑料包装，不过这个比较硬难制作）、一张纸。

2. 测量下手机屏幕的大小，然后在纸上画出金字塔的四个面。注意宽度要按你自己测量的手机屏幕大小为准。

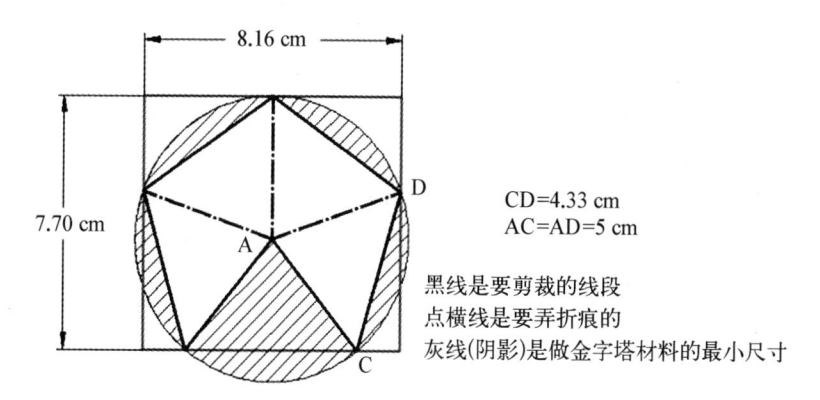

```
8.16 cm
7.70 cm
CD=4.33 cm
AC=AD=5 cm

黑线是要剪裁的线段
点横线是要弄折痕的
灰线（阴影）是做金字塔材料的最小尺寸
```

3. 画好设计图纸后，就可以开始用剪刀剪出金字塔的形状了。

注意：这里需要用到数学等腰三角形原理，由于底边是根据自己尺寸随意变动的，所以腰长就要经过计算后得出，例如以 IPAD 为例，屏幕宽度为 12 cm，那么我们底边就是 12 cm（底边不用太过标准，只要不比播放的视频小就行），顶角固定为 $70.5°$，腰长为 10.4 cm，下面为大家列出步骤把四个等腰三角形都剪下来之后，放在平面，在腰上用透明胶条依次粘好，一个金字塔就做好了。金字塔做好之后，还要做一个放置手机的架子，不然举着手机看找不准位置，也比较累。

金字塔全息投影原理，其实就是前、后、左、右 4 个视频，然后在盒子里合成一个十字状视频，通过四个透明锥体反射给人以全息影像的错觉。

传奇谍影　龙华英魂

江南新村小学　陈　雷

第一课时（校内）

一、教材分析

摩斯密码是一种常见的通信方式，结合龙华烈士陵园的红色教育，能够在提升学生语言转换能力、团队合作能力的同时渗透"四史"文化教育精神。

二、学情分析

四五年级学生在学习了几年的英语学科之后已经有了一些语言转换的能力，然而这种能力在现实生活中却用的不多。密码是学生们感兴趣的主题，从学生感兴趣主题入手的同时也能加深对英雄人物事迹的认识。

三、学习目标

（一）能对照密码表初步尝试编译莫斯密码。

（二）通过小组讨论探索摩斯密码的各种用途。

（三）提升学生对谍报工作的认识，培养学生团队合作及红色文化的认识。

四、教学过程

(一) 创设情境

(设计意图,通过创设情境永不消失的电波,引出摩斯密码)

播放《永不消失的电波》片段。

介绍主人公原型李白,提问学生:主人公如何向外传递消息,并引出摩斯密码由不同的长短音组成。

(二) 学习新知

(设计意图,通过完成表格初步体验编写摩斯密码,熟悉基本短语的密码结构,通过集体练习长短符号,熟悉光照摩斯码的基本操作,为接下来的实际运用打好基础。)

师:对应不同节奏的声音,代表着不同字母,这种通过长短不同节奏来表示不同字母的信息传递方法就是著名的莫斯密码。今天我们就来初步地探究一下莫斯密码(出示课题)。

我们每个同学都拿到一张密码表,请同学们打开看一看,你们看到了什么?

摩尔斯电码表

字符	电码符号	字符	电码符号	字符	电码符号
A	·—	N	—·	1	·————
B	—···	O	———	2	··———
C	—·—·	P	·——·	3	···——
D	—··	Q	——·—	4	····—
E	·	R	·—·	5	·····
F	··—·	S	···	6	—····
G	——·	T	—	7	——···
H	····	U	··—	8	———··
I	··	V	···—	9	————·
J	·———	W	·——	0	—————
K	—·—	X	—··—	?	··——··
L	·—··	Y	—·——	/	—··—·
M	——	Z	——··	()	—·——·—
				—	—····—
				·	·—·—·—

预设:不同的字母,对应不同的密码,点表示短,横表示长。

师:找一找前面我们所看到的3短3长又3短分别对应哪些字母。

预设：SOS。是通用呼救信号。

我们能按照这种写法来完成下面这个表格，尝试编写所对应的摩斯密码吗？

（学生展示）

师：让我们一起来试一下，S用三个短来表示。

预设：同学们长短不一，用三分之一秒表示短，就像这样（教师示范）。

师：然后我们再试一下，O用三个长来表示。

预设：同学们长短不一，用一秒表示长，心里默数一下'滴哒'，就像这样（教师示范）。

（三）灵活运用

（设计意图：灵活运用光照摩斯码，提升学生对地下工作者和合作精神的认识。）

拷贝不走样，来传递信息进行练习，每个小组戴上耳机，由老师开头，小组合作。

发报员，记录员。

师：请同学们小组讨论除了用发报机以外，还能用什么方式来传递摩斯密码？

预设：光照、声音、表情、窗帘……

（四）总结

今天我们学到了什么，还有哪些地方可以用到摩斯密码的，你们还想学些什么？

第二课时（校外）

一、教材分析

摩斯密码是一种常见的通信方式，结合龙华烈士陵园的红色教育，能够在提升学生语言转换能力、团队合作能力的同时渗透"四史"

文化教育精神。

二、学情分析

经过校内摩斯密码的学习,学生已经对密码与信息传递产生了兴趣与成就感。通过馆内的资源对密码及其他信息传递的方式可以进行更深层次的学习。

三、学习目标

通过多媒体视频和师生互动讲述烈士钱壮飞破获情报的故事,帮助学生了解情报工作者,并通过聚焦了解情报活动中设计的模型制作和文件加密等内容帮助学生理解情报工作。

四、教学流程

(一)走入龙华烈士陵园感受肃穆的气氛。

（二）提问：提到情报大家能联想到什么？

总结：情报工作者是一群特殊的无名英雄，胜利了不能宣扬，失败了不能解释……

（三）通过视频介绍钱壮飞的故事。

提问：看了视频，请分小组讨论，钱壮飞为什么能作出如此重大的贡献？你认为，一名合格的情报工作者应该具备什么样的素质？

预设：沉着冷静，信念坚定，随机应变，临危不惧。

（四）展示钱壮飞的无字情报，请同学们小组合作体验龙华烈士陵园纪念馆中的谍报游戏，完成任务，感受谍报人员的基本素养（主要体验极限传递和特殊电台）。

通过这两个游戏提问学生：你们认为在传递情报的时候会有什么危险，需要注意什么？

预设：传递情报的时候发报设备产生的电波可能会被发现，需要一定的反侦察能力。传递信息的时候机会可能只有一次,需要全神贯注,编译密码的时候也要耐心谨慎。

（五）结合上节课学习的摩斯密码将收到的无字情报通过发报机传递出去。

在红色课堂中将刚才游戏中的火速撤离这一情报先进行摩斯密码进行编译。

预设：有的同学用拼音进行编译,有的同学用刚才的数字代码进行编译。

请同学们讨论哪种编译方法更好？预设：数字代码更好,因为如果被截获也可能保住信息,为转移争取时间。

引出加密。

（六）介绍各类摩斯密码加密手段。

重点介绍手机键盘加密法和排列坐标加密法。

手机键盘密码

简单的替换密码.
采用坐标方法加密.
例:
21 = A; 22 = B; 94 = Z.

特点:第一项数字为2-9,第二项为1-4.

排列坐标加密法

常见的排列方法:

	1	2	3	4	5
1	A	B	C	D	E
2	F	G	H	I/J	K
3	L	M	N	O	P
4	Q	R	S	T	U
5	V	W	S	Y	Z

举例：HELLO 就可以用 23 15 31 31 34 来进行编译。

请各个小组选择其中一种加密方式，对一个自选的由三个字母组成的英语单词进行加密，然后小组交换请另一个小组进行破译。

（七）联系实际进行总结。

请同学们说一说，今天学习的感受，学到了什么，在龙华烈士陵园中的学习感觉有什么不同？

最后在书签栏找一找钱壮飞烈士的书签，并查看其他烈士的生平书签，交流讨论还想要了解哪位烈士？

钱壮飞
（1896—1935）

浙江湖州人。1926年参加中国共产党。1928年到上海，不久参加中共中央特科工作。秘密打入国民党情报机关。1931年4月，及时将中央特科负责人顾顺章被捕叛变的情报报告中央，为保卫中共中央和上海党组织起了重要作用。1932年起

跨越时空的对话
——红色家书见真情

龙华烈士纪念馆　绪梦莹

一、教学目标

（一）学生能了解时代背景，从整体上领会烈士家书的深刻内涵；了解人物语言表达方式对人物性格、经历的展现作用；能在日常生活中自主关注文物、阅读红色家书。

（二）通过富有情感的朗读来加深对烈士家书的理解，以在纪念馆中实地瞻仰的形式来展开自主、合作、探究式学习；同时能自主进行家书创作。

（三）学生能从家书中感受到他们对亲人朋友的爱与牵挂，体悟出革命者为了信仰而甘愿舍小家为大家的伟大精神。作为新时代青少年，我们应铭记并传承这种崇高的家国情怀。

二、教学重点与难点

（一）教学重点：深入了解王孝和烈士的生平事迹，解读他的家书，体会他对妻子和孩子的情感，感受一位革命者伟大的家国之情。

（二）教学难点：理解真正的死亡是被生者遗忘。正因如此，我们要铭记英烈事迹，或借由文物，或口口相传，将他们的精神传递下去，被更多人记住。

三、教具与学具准备

（一）教具：导学案。

（二）学具：笔，信纸，信封。

四、教学设计
教学过程

学习内容	教师活动	学生活动	设计意图
课前活动：探究时代背景	1. 引导学生瞻仰龙华烈士纪念馆，感知上海革命历史。 2. 停留在王孝和烈士展柜前，瞻仰烈士家书。	1. 了解上海曲折的革命道路，关注上海解放的斗争。 2. 记下印象深刻的人名，写出人物精神。	创设情境，在纪念馆庄重肃穆的氛围中，将学生拉回到20世纪上海解放前夕那段风起云涌的岁月，为理解烈士家书作好铺垫。
了解王孝和烈士的生平	1. 指引学生观看展板，结合手中的资料和讲述，还原王孝和的生平事迹。 2. 结合上海解放的时间线，横向梳理历史背景。	仔细阅读展板和资料，深入了解王孝和的英雄事迹和上海解放历史。	了解王孝和烈士的事迹和时代背景。
解析王孝和写给妻子的家书，感受家书背后的家国情怀	1. 指引学生朗读王孝和写给妻子的家书。 2. 分析家书的情感层次，引导学生深入感受家书背后饱含的家国情怀。	1. 找出王孝和家书中包含了几层思想感情，分别是什么？ 2. 尝试描述王孝和烈士面对死亡的心理状态。	深入教学重点的学习：了解王孝和烈士的生平事迹，解读他的家书，感受革命先烈舍小家为大家的革命情怀。
探究烈士家书等文物承载的深刻内涵	1. 介绍王孝和的小女儿佩民。 2. 播放王孝和的小女儿佩民在《跨越时空的对话》中写给父亲的回信。 3. 播放《寻梦环游记》片段。 4. 引导学生理解死亡的含义，以及烈士家书等文物真正承载的是什么。	1. 从王孝和女儿的视角再次感受人物的家国情怀。 2. 通过对动画电影片段的观看，体会"记忆"和死亡的联系。 3. 思考文物对烈士精神传承的重要意义。	巩固教学难点：理解文物承载的重要意义，感受先烈的伟大，体悟"记忆是生命的延续，当被生者遗忘的时候，才是真正的死亡"，从而更好地传承先辈的信仰与精神。

续 表

学习内容	教师活动	学生活动	设计意图
课堂实践：创设情境，写一封家书	1. 展示可供选择的多种情境，假设自己身在其中。 2. 以创设的身份，为自己的亲人朋友写一封信，表达自己的思想情感。	1. 选择情境，代入自己，为亲友写下家书。 2. 自评。 3. 互评。	推进教学重点：在理解物与人的羁绊基础之上，在情境中表达自己的情感，弘扬优秀的精神与价值观。
课堂小结	教师语言小结。		
课后拓展	布置课后探究主题：	1. 在龙华烈士纪念馆的朗读亭中选择烈士家书进行朗诵录音，上传。 2. 在纪念馆中找到更多文物，了解背后的故事，选择深受触动的文物，拍摄下照片，为它写一段介绍词。	结合纪念馆的多媒体设备，以不同形式感受红色文化，体会先烈的伟大精神，传承革命信仰，培养爱国主义情怀。

附教学详案：

一、课前活动：探究时代背景

1. 瞻仰龙华烈士纪念馆，从整体了解上海革命历史。

师：同学们好！人们都说，我们所在的上海是一座英雄的城市。为什么这么说呢？我们今天来到龙华烈士纪念馆，去寻找英雄的红色印记，希望通过这节特殊的语文课，让大家对"英雄"有更深的感悟。

首先，请大家拿出导学案，用一刻钟的时间参观龙华烈士纪念馆，了解上海曲折的革命历史。记下你印象深刻的人名，写出你认为他具有的人物精神。

2. 来到"胜利的奋争"展厅，讨论时代背景。

师：现在我们所在的是"胜利的奋争"展厅，在抗日战争胜利以后，中国依然笼罩着内战的乌云。同学们到这边阅读一下展板。你们知道在这一时期，发生过哪些事件吗？

生1：有二九惨案、五二〇惨案。

生2：有上海解放战役。

师：那么上海是在哪一天迎来了解放？

生：1949年5月27日。

二、新课教授

1. 王孝和烈士的生平。

师：有一位革命烈士，就牺牲在上海解放前不到八个月，被称做"黎明前的英雄"。同学们请到这边的展柜。我们看到的就是这位烈士，他叫王孝和。

请大家仔细阅读展板和导学案中的

资料,了解王孝和烈士的生平事迹。

师:请大家用一些关键词来概括一下你所了解的王孝和。

生1:工人运动领袖。

生2:年轻。

……

师:王孝和是一位杰出的工人运动领袖,为维护工人利益,在反内战、反独裁的斗争中始终站在前列。在监狱中哪怕受尽酷刑,也没有屈服。他入狱的时候,妻子已经怀孕了。最终怀着对家人的爱与牵挂,王孝和从容就义。

2. 解析王孝和写给妻子忻玉英的家书,感受家书背后的家国情怀。

师:我们看向这里的照片,王孝和烈士临刑前曾在狱中写下了三封遗书,分别对应着他的哪三种身份?

生:革命者,儿子,丈夫。

师:很好。下面我想请一位同学朗读一下他写给妻子忻玉英的这封信。

生:(朗读)

瑛妻:

我很感激你,很可怜你,你的确为我费尽心血,今天这心血虽不能获得全美,但总算是有收获的。我的冤还未白,而不讲理的特刑庭就决定了我的命运,但愿你勿过悲痛。在这不讲理的世上不是有成千成万的人在为正义而死亡?为正义而子离妻散吗?不要伤心!应好好的保重身体!好好的抚导二个孩子!告诉他们,他们的父亲是被谁所杀害的!嘱他们刻在心头,切不可忘!对我的双亲,你得视如自己亲父母一般。如有自己看得中的好人,可作为你的伴侣,我决不怪你,而这样我才放心。

但愿你分娩顺利!未来的孩子就唤他叫佩民!身体切切保重,不久还可为我伸冤、报仇!各亲友请代候,并祈多多照应为感。特刑庭不讲理!乱杀人,秘密开庭,看它横行到几时!?冤枉!冤枉!冤枉!冤枉!冤枉!

你的夫王孝和血书

师:这位同学代入了自己的情感,读得声情并茂。那么,从信中我们可以读出王孝和的哪些情感?
生1:对妻子的感激、可怜。
生2:对孩子的牵挂和爱。
生3:还有对双亲的挂念。
生4:对自身遭遇的不公所感到的愤怒和冤枉。
师:非常好!从开头我们可以看出,王孝和对妻子深深的感激和内疚。

王孝和与妻子忻玉瑛很早就在乡下老家定了亲,后来,王孝和在城里上学、工作,忻玉瑛则一直留在乡下,没上过一天学,不识字更不会写字。王孝和非但没有嫌弃她,还教她识字、读书,两个人的感情从未因此产生隔阂。

1948年4月19日,当忻玉瑛得知王孝和将有被捕的危险时,就跪在丈夫面前,抱住他的双腿,求他到宁波乡下暂时避一避,要他多想想父母、才1岁的孩子(长女)以及没有工作的妻子。妻子的担忧,王孝和岂会不知,只是没有接到组织的通知,明知道自己即将被捕,他也坚决不会撤离。

妻子在生活中悉心照料王孝和,因此他感激妻子;他身处监狱,即将被押赴刑场,未来妻子就要独自承担家庭重任了,他感到内疚。对于双亲,他放心不下,请妻子好好照顾;对于未来即将出生的孩子,他抱着深深的牵挂和爱,不知道是男孩还是女孩,就提前起好了名字,请妻子好好教导。同时在最后,他依然表达了对"特刑庭乱杀人"的控诉。

从王孝和生平我们也了解了,国民党特务曾多次对他进行劝降,他都没有答应。临刑前,王孝和对自己的亲人怀着深深的眷恋,他后悔自己的选择了吗?

生:没有。

师:从哪里可以看出呢?

生:"在这不讲理的世上不是有成千成万的人在为正义而死亡?为正义而子离妻散吗?不要伤心!"

师:我们再看看这张照片,是王孝和生前在特刑庭上的时候被拍下的,你从中看到了什么?

生1:王孝和面带着轻蔑的微笑,仿佛在嘲笑敌人。

生2:他对未来一点儿都没有畏惧,表情很轻松。

师:没错。王孝和与无数革命先烈一样,为了正义而死亡,他甘愿为了国家而舍弃了小家,他是无悔的。家书虽然文字简短,但却情感充盈。既有对家人的牵念,更有对于自己人生选择的决然与不悔。

大家想想,他的人生的理想到底是什么?这个"正义"到底是什么?

生:他爱家人,但他希望更多的人幸福;他爱自己的孩子,但他不希望孩子以后生活在乌云之下。他想要所有人一起,迎接黎明的曙光,迎接幸福的生活。这就是他更大的理想。

师:很好。这个特刑庭上的微笑,正是展现了他的大无畏精神和对新中国即黎明的期盼。读完这封家信，你们对革命者有了什么新的认识吗？

生：革命者也是凡人，也有牵挂的亲人，面对死亡，也有对他们的不舍。但是他们却拥有一种信仰，他们的人生有更高的理想。

师：这就是革命者崇高的家国情怀。如果说在反映王孝和的众多艺术作品与传媒报道中，我们看到的是一个铮铮铁骨、大义凛然的年轻工运领袖形象的话，那么我们从他写给妻子的家书中看到的就是他铁汉柔情的一面。这看似截然相反的两面，恰是一个有血有肉的革命者的真实写照。

3. 探究烈士家书等文物承载的深刻内涵。

师：大家现在来到红色讲堂。在王孝和牺牲后第 21 天，小女儿王佩民出生了。对于王佩民而言，"父亲"是一个既陌生又熟悉的词，虽然她从未见过父亲，但父亲一直存在于她心中，71 年来，她一直在追寻父亲的足迹。

我们看看导学案中的资料。

关于父亲的回忆，更多的来自母亲的口述。母亲曾告诉她："父亲是学英语的，所以带点'洋气'，每天离家上班会讲一声'byebye'，还要吻别。"王佩民女士在一篇追忆文章里这样写道："被捕那天，父亲出门前还不忘在姐姐王佩琴的脸蛋上亲吻了一下。"这样温暖的童年记忆，是从未见过父亲、从没亲身感受过父亲宠爱的王佩民最大的向往和遗憾。

我想大家一定很好奇，王孝和烈士的女儿长大后，有没有看到这封信，她又是否会理解父亲的选择？

2002 年，一次偶然的机会让王佩民发现了父亲临刑前托人带出监牢的三封遗书原件。那一刻，王佩民无法抑制内心的激动，第一次真切地感觉到父亲的存在，仿佛就在面前。

在一个节目中，已经白发苍苍的佩民奶奶给父亲王孝和写了一封回信，下面我们一起看一看，一起去聆听这封跨越时空的回信。

主题：父亲

1. 王孝和烈士的女儿王佩民的回信

亲爱的爸爸：

我是在您牺牲后的三个星期出生的。您在给妈妈的遗书里说"未来的孩子就叫他佩民"，所以我出生的时候，妈妈哭喊着对天说道"孝和啊，佩民出来了！"，不知您有没有听到妈妈的呼唤？

亲爱的爸爸，您在我心中，既熟悉又陌生。家里的墙上一直挂着您的照片，那熟悉的脸庞烙印在我的心里，可是于真实的您，我怎么也想像不出您的样子。有时候我会想，我真的有过您这样的父亲吗？

我问过母亲，父亲是什么样的男人。母亲说，您是穿着灯芯绒夹克，有思想的英俊小伙，是有了一瞥便让母亲坠入爱河的有志青年。爸爸，我一直在寻找您，了解您，理解您。

我从您的出生地找起，那是虹口区帅弃里的一间灶间，您和妈妈一起生活的地方是沿口搭上一个只有五六平米的房间，听姑妈讲，由于房子太小，您经常在床底下睡觉。一直到您和妈妈结婚，搬到了杨树浦路声里的那间屋子才有所好转(红色的砖瓦墙，门口一排小洋房)，母亲曾经在那里烧饭。我看着现在会议的想父亲是不是曾在阳台上洗着衣服?见是您生活过的地方，甚至您就读过的学校我都去看了一下，总想你那里看到您的生活足迹。

我接着您人生的轨迹找到了您格志专科学校的同学，找到了介绍您入党的同学许林金伯伯，找到了您地下党战友郑于铃郑叔伯伯，您说...

当年你遭受过老虎凳、辣椒水等各种酷刑，但始终没有向敌人吐露半个字，这才救了他一命。但是这些描述都不能满足我对见到您的渴望。

多年的寻找，终于让我有机会可以和您"见面"。1994年，上海烈士陵园要把烈士墓迁到龙华烈士陵园去，我闻烈士陵园讲求，能不能去看您。我记得那天阴沉沉的，风狠大，我微站在您的墓旁边，看着石板一点一点的移开，我的心扑通扑通跳得历害，爸爸，我要坚强面了，女儿找了您几十年啊，我就是您的佩民啊，您要好好看看我。等到石板完全移开的时候，我一下子跪在您的面前，大声哭喊着，爸爸，您能看见我吗？爸爸，为什么你不能等着我让我好好看看你；爸爸，你知道我有多渴望被你疼被你爱吗，爸爸！

爸爸，就差那么几天，您都没来得及见我一面，我就成了您的遗腹女，我们父女俩就阴阳两隔，这是多么悲惨的一件事啊！

爸爸，只要有机会我还会找您，咱们一定会再见到您！我们下辈子还做父女，您一定要答应我！

您的小女儿佩民
写于您牺牲后的71年后

（播放《跨越时空的回信》视频）

师：同学们，你们从这封回信中感受到了什么？

生：佩民奶奶一直在寻找、了解、理解父亲。

生：她叫了好多声"爸爸"，这是她对爸爸的爱与思念。

师：尽管怀着对不能见到父亲、被父亲宠爱的遗憾，但佩民奶奶依然理解着父亲，从未忘记过父亲。记忆太过脆弱，所以我们常常用更多的物品寄托情感，我想所谓"睹物思人"便是如此吧。在这里，是家书连接了时空两头的父女二人，而时隔多年，女儿也终于完成了对父亲的回应。这就是记忆的羁绊。

下面老师要播放一段视频。

（播放《寻梦环游记》片段）

师：相信大家都很熟悉这部电影。它也是关于一位父亲和女儿的故事。

在刚刚的片段中,有什么话你印象比较深刻?

生:"死亡不是生命的终点,遗忘才是。"

师:这句话到底是什么意思呢?

生:记忆是生命的延续,当被生者遗忘的时候,才是真正的死亡。

师:很好。这就是为什么我们要一直铭记着先烈,为什么我们今天要和大家来讲述英雄先烈的故事,因为我们要让更多的人去记住他们,去传递他们的精神。家书,还有无数的文物,正是我们记忆的承载,是连接过去与现在的羁绊。革命先烈的信仰,他们伟大的家国情怀正是这样一代一代传承的。

三、课堂实践:根据创设的情境,写一封家书

1. 作业布置

师:下面我们拿出准备好的信纸和信封,也来尝试写一封家书,将我们的情怀倾注在字里行间。我们也可以选择下面的情境来写,希望大家写出自己的情感和追求。

情境选择:

(1) 即将出发抗击疫情的医务工作者

(2) 在边远地区支教的老师

(3) 外地求学的学子

(4) 其他

2. 学生作业,教师巡视

3. 评价交流

四、课堂小结

这节课我们了解了王孝和烈士的生平事迹,分析了他给妻子的家书所包含的情感层次,从中感受到革命者对亲人朋友的爱与牵挂,对正义和人生信仰无悔的追求,体悟出先辈为了信仰而甘愿舍小家、为大家的伟大精神。同时作为新时代青少年,我们应铭记并传承这种崇高的家国情怀。

五、课后拓展

1. 在龙华烈士纪念馆的朗读亭中选择烈士家书进行朗诵录音,

上传。

2. 在纪念馆中找到更多的文物,了解背后的故事,选择深受触动的文物,拍摄下照片,为它写一段介绍词。

附　　　　　　　导学案
跨越时空的对话——红色家书见真情

一、学习目标

(一)学生能了解时代背景,从整体上领会烈士家书的深刻内涵;了解人物语言表达方式对人物性格、经历展现作用;能在日常生活中自主关注文物、阅读红色家书。

(二)通过富有情感的朗读来加深对烈士家书的理解,以在纪念馆中实地瞻仰的形式展开自主、合作、探究式学习;同时能自主进行家书创作。

(三)学生能从家书中感受到他们对亲人朋友的爱与牵挂,体悟革命者为了信仰而甘愿舍小家、为大家的伟大精神。作为新时代青少年,我们应铭记并传承这种崇高的家国情怀。

二、学习重点与难点

(一)教学重点:深入了解王孝和烈士的生平事迹,解读他的家书,体会他对妻子和孩子的情感,感受一位革命者伟大的家国之情。

(二)教学难点:理解真正的死亡是被生者遗忘。正因如此,我们要铭记英烈事迹,或借由文物,或口口相传,将他们的精神传递下去,被更多人记住。

三、学习过程

(一)任务引领

全体同学参观龙华烈士纪念馆。写出你印象深刻的人物。

(二)阅读材料:王孝和烈士生平事迹

上海,中国工人运动的摇篮,众多中国工人运动领袖和骨干人物的档案在上海市档案馆熠熠生辉。其中,工人运动领袖王孝和就义前的几封遗书,每每阅之,动人心魄,引人深思。在年轻生命的最后时刻,他为再也不能侍奉父母而内疚,为再也不能陪伴孕妻而不安,更为再也不能跟同志们一起浴血奋战而遗憾……

进入上海电厂工作后,王孝和经常到车间里去和工人们交朋友。工人们有事找他商量,王孝和都会帮他们想办法。工人们不识字,他就帮他们记账、写信……很快,王孝和就在工友中树立了威信。1946年4月,上海电厂工会成立。王孝和起初被选为工会干事,后当选为工会常务理事。1947年9月,反动当局悍然下令解散上海电厂工会,通缉工会干部。亲友都劝他暂离上海,去农村避一避。他却回答:"大家选我当常务理事,就是让我为大家办事。我对大家负有不可推卸的责任,怎么可以随随便便,说走就走呢?"

随着王孝和在工人运动中影响力日益增大,国民党威逼不成改为利诱。特务找到他说:"你想想,你不是国民党,怎么会当上理事的?不如干脆加入了,还可以拿活动费。"王孝和笑了笑说:"听说当国民党就能做官,我最怕做官!"那些特务只得灰溜溜地走了。

1948年,上海闹工潮、学潮。反动当局就想用恐怖手段进行镇压,并想出"借人头,平工潮"的恶毒计划,敌人第一个瞄准的就是王孝和。

1948年4月21日,反动当局以"妨碍戡乱治安"为名将王孝和抓了起来,对他轮番使用"老虎凳""磨排骨""辣椒水"和电刑等酷刑。王孝和以坚强的意志经受住敌人的摧残,严守中共地下党的秘密。特务对王孝和无计可施。

在半年多的牢狱生活中,王孝和结识了许多被反动派以"莫须有"罪名关进牢中的正直难友。难友们用各种办法瞒过看守,从各个监房给王孝和送来他们舍不得吃、留了好几天的罐头、饼干、糖果,还一再传话说:"千万请你接受我们的礼物。"

1948年9月30日上午,敌人来到王孝和的监房,他知道最后的时刻到了。在刑场上,王孝和被绑在一张木椅上,敌人举起枪,子弹击中王孝和的胸膛,他坐在椅子上怒目圆睁。执行官下令补枪,敌人被王孝和的浩然正气所震慑,拿枪的手颤抖不已,连发数枪,竟然一枪未中。丧心病狂的刽子手踢翻椅子,用脚对王孝和腹部猛踩,殷红的鲜血流淌在地上……这位年仅24岁的共产党员以他的实际行动践行了入党誓词。

(三) 王孝和写给妻子的遗书

瑛妻:

我很感激你,很可怜你,你的确为我费尽心血,今天这心血虽不能获得全美,但总算是有收获的。我的冤还未白,而不讲理的特刑庭就决定了我的命运,但愿你勿过悲痛。在这不讲理的世上不是有成千成万的人在为正义而死亡?为正义而子离妻散吗?不要伤心!应好好的保重身体!好好的抚导二个孩子!告诉他们,他们的父亲是被谁所杀害的!嘱他们刻在心头,切不可忘!对我的双亲,你得视如自己亲父母一般。如有自己看得中的好人,可作为你的伴侣,我决不怪你,而这样我才放心!

但愿你分娩顺利!未来的孩子就唤他叫佩民!身体切切保重,不久还可为我伸冤、报仇!各亲友请代候,并祈多多照应为感。特刑庭不讲理!乱杀人,秘密开庭,看它横行到几时!?冤枉!冤枉!冤枉!冤枉!冤枉!

你的夫王孝和血书

(四) 王孝和生活片段

(1)

王孝和给妻子的家书多是以"瑛我妻"开头,行文中间用到的多是"您",可见王孝和对妻子是极为尊重的。据王佩民介绍:"父亲是一个浪漫有情趣的人,在信中,他不忘与母亲开开玩笑,他知道母亲不会写字,还打趣道,'您说您自己不会写,那我就问您过去为什么不学?哈哈!不多鲁莽了,下次再谈吧!此祝快乐!'"

(2)

关于父亲的回忆,更多的来自母亲的口述。母亲曾告诉她:"父亲是学英语的,所以带点'洋气',每天离家上班会讲一声'byebye',还要吻别。"王佩民女士在一篇追忆文章里这样写道:"被捕那天,父亲出门前还不忘在姐姐王佩琴的脸蛋上亲吻了一下。"这样温暖的童年记忆,是从未见过父亲、从没亲身感受过父亲宠爱的王佩民最大的向往和遗憾。

(五)小女儿王佩民写给父亲王孝和的回信照片

(六)课堂实践

下面请拿出准备好的信纸和信封,尝试写一封家书,将我们的情怀倾注在字里行间。我们也可以选择下面的情境来写,希望大家写出自己的情感和追求。

情境选择:

(1)即将出发抗击疫情的医务工作者

(2) 在边远地区支教的老师

(3) 外地求学的学子

(4) 其他

(七) 课后拓展

1. 在龙华烈士纪念馆的朗读亭中选择烈士家书进行朗诵录音,上传。

2. 在纪念馆中找到更多文物,了解背后的故事,选择深受触动的文物,拍摄下照片,为它写一段介绍词。

图书在版编目(CIP)数据

馆校融合　知行并进：徐汇滨江学区与龙华烈士纪念馆合作课程开发案例 / 郑蓉主编 . — 上海：上海社会科学院出版社，2021
 ISBN 978 - 7 - 5520 - 3643 - 5

Ⅰ.①馆… Ⅱ.①郑… Ⅲ.①纪念馆—社会教育—教案(教育)—中小学 Ⅳ.①G268.1

中国版本图书馆 CIP 数据核字(2021)第 144925 号

馆校融合　知行并进：
徐汇滨江学区与龙华烈士纪念馆合作课程开发案例

主　　编：郑　蓉
责任编辑：杜颖颖
封面设计：黄婧昉
出版发行：上海社会科学院出版社
　　　　　上海顺昌路 622 号　邮编 200025
　　　　　电话总机 021 - 63315947　销售热线 021 - 53063735
　　　　　http://www.sassp.cn　E-mail：sassp@sassp.cn
排　　版：南京展望文化发展有限公司
印　　刷：上海信老印刷厂
开　　本：890 毫米×1240 毫米　1/32
印　　张：7
字　　数：188 千
版　　次：2021 年 8 月第 1 版　2021 年 8 月第 1 次印刷

ISBN 978 - 7 - 5520 - 3643 - 5/G・1114　　　　定价：39.80 元

版权所有　翻印必究